教師の
言葉かけ大全

三好真史
〔著〕

東洋館出版社

はじめに

平凡な教師は言って聞かせる。
よい教師は説明する。
優秀な教師はやってみせる。
しかし最高の教師は、子どもの心に火をつける。（ウィリアム・ウォード）

言葉かけは、センスではない。技術である。

本書では、これまではっきりと体系化されることのなかった教育技法について解明します。**今までになかった、まったく新しい、子どもを育てる言葉かけを集めた教科書のようなものです。**

これまでの言葉かけの書籍においては、「こういう場合はこういう言葉かけを」というような内容が扱われることは多くありました。例えば、「遅刻して来た子どもには厳しく注意しましょう」「自分の考えを主張する子どもには、傾聴しましょう」……などです。

本書では、そのようなワンパターンな対応を否定します。

なぜかと言えば、**子どもの性格、子どもと先生の関係性、先生のキャラクターなどを考慮すれば、「こうすればうまくいく」という定番の言葉かけは、存在しないと考えられるからです。**

いや、仮にそれで一度うまく指導できたとしましょう。それでも、次の機会、全く同じようなことが起こった場合には、どう言葉かけすればよいのでしょうか。

まったく同じ言葉かけをすれば、「先生、前も似たようなことを言ってたな……」と感じさせてしまいます。これではいけません。

つまり、ケースに応じた言葉かけを学ぶ必要はないのです。いくつもの言葉をもち、しかるべきときに、適切な言葉を選べるようにするのが望ましいと言えます。

言葉かけは、習得できる。

みなさんの身のまわりには、子どもの心をグッとつかんで離さない先生はいないでしょうか。その先生が言葉をかけると、やる気になる。目を輝かせるようになる。そういう「カリスマ教師」が1つの学校に1～2人はいるものです。

ですが、そのような先生が、どうして上手に子どもを育てられるのか、明らかにされることはありませんでした。「あの人はセンスがいいから」「才能があるんだ」「素質があるんだよね」などといって片づけられてきたのです。

しかし、教師の言葉かけについて分類し、まとめていくと、いくつもの技法があり、それらを組み合わせて言葉かけがなされていることが明らかになってきました。

これらの言葉かけを、カウンセリング、コーチング、アドラー心理学、応用行動分析、交流分析、ペップトークなどの観点から理論化し、だれでも使うことができるようにまとめたのが本書です。

本書が描くゴールとは、すべての先生が、しかるべきタイミングで、適切な言葉かけを使えるようになることです。

いわゆる「ふつう」の先生にとっては、新しい言葉かけの技法がたくさん見つかり、子どもを育てる言葉かけについて知る機会となることでしょう。

すでに「カリスマ」である先生にとっては、自分自身の言葉かけの技法について、もう一度見直し、技術として認識する機会となることでしょう。

本書の中には、例文がいくつも出てきますが、それらを暗記すればよいというものではありません。というよりも、暗記するという方法を否定します。

繰り返しになりますが、言葉かけには「こういう場合はこう言えばよい」という正解がないからです。掲載されている例文を参考にしつつ、今ある課題におきかえて活用していただきたいと思います。

言葉には、力があります。

言葉の力を身に付けられれば、子どもを勇気付けられ、もっている力を引き出せるようになるのです。

さあ、子どもの心に火をつける教師への一歩を踏み出してみましょう。

目次

ほめ言葉 45

叱り言葉

問いかけ言葉 155

はげまし言葉 209

挑発言葉 257

本書の使い方

本書では、子どもを育てる言葉かけについて、**「ほめる」「叱る」「問いかける」「はげます」「挑発する」**というように大きく5種類に分類しています。そして、それらの中にケーススタディを入れ、要点をまとめました。さらに、1つの種類につき10の技法を紹介しています。これらをまとめると、次のような流れになります。

①5つの指導技術
②言葉かけのポイント・レベルアップ
③BEFORE ケース（典型的なやりとり）
④BEFORE ケースの考え方から、要点を学ぶ
⑤AFTER ケース（技法を駆使して改善されたやりとり）
⑥使用された技法の紹介

自分のなかで、**「使うことのできている技法」と、「使うことのできていない技法」に分けてみましょう。**巻末の資料を用いながら、できている技法にチェックを入れ、未習得の技法を洗い出すと効果的です。

合計すれば、50の技法があります。とはいえ、本書の全てができるようになる必要はありません。使うことのできていない技法のなかから、やってみたいと思うものを選び、使い、チェックを増やすように心がけましょう。そうすることで、自分の言葉かけのレパートリーが増えていき、あらゆる子どもの状態に対応できるようになるのです。

言葉かけとは、実技です。読むだけでは足りません。

読書で言葉かけについて学ぶことは、「ホームランの打ち方を本から学んでいる」ようなものです。打ち方がわかったとしても、実際に練習しなければホームランは打てません。それと同じように、言葉かけも、本書で学び、実践を積んでこそ力になります。

教室で実践でき、習慣化されたとき、本書の学びは完結します。つまり、読書の間、読み切った後も、まだ習得の過程であると捉えておいてください。

指導の技術

指導の技術①

言葉かけは、心の水やり

そもそも、教育に言葉かけとは、必要なものなのでしょうか？
授業さえできれば、それでよさそうなものです。
言葉かけなくして、教育活動を行うことはできないのでしょうか。
一つの例を見てみましょう。

BEFORE

とめ、曲げ、はらいに気を付けて、今日の漢字を書いてみましょう。

（よーし、書けた。よくできたんじゃないかな）

……

（お、先生が通りかかった。なんて言うかな？）

……（通り過ぎる）

（え？）

それでは、次の漢字を練習してみましょう。

（いいの？　ダメなの……？）

「教える」だけなのであれば、言葉かけは必要ないのかもしれません。例えば、予備校が映像で授業を放送するようにして、ただ一方的に伝えればよいからです。しかし、「育てる」ためには、言葉かけが欠かせません。

西洋に伝わる逸話を紹介します。

ヨーロッパには、フリードリヒ2世（1220―1250）という皇帝がいました。彼は、様々な人体実験を行っていました。フリードリヒ2世は、あることに目を向けます。

それは**「言葉を教わらないで育った子どもは、どのような言語を話すのか」**というものでした。

赤ん坊が言葉を話し出すことについて、疑問に思ったのです。検証するために、50人の赤ん坊が一同に集められました。

その実験では、赤ん坊に対して「目を合わせない」「笑いかけない」「語りかけない」といった一切のスキンシップを排除して、乳母や看護士たちがお世話をしました。

しかし、この実験は、大失敗に終わってしまいました。

なんと、**赤ん坊たちは充分にミルクを与えられていたにもかかわらず、次々と亡くなってしまったのです**。


この話からもわかるように、**人間が育つ過程には、人との関わりが必要なのです**。植物が水を与えられなければ生きられないように、人は、人との関わりがなければ生きてはいられません。

あなたが「おはよう」とあいさつすると、相手も返してくれる。泣いている子どもをギュッと抱きしめる。何週間もかけて作成した資料を、校長先生が「ご苦労様だったね」と肩をポンとたたいてくれる。**このような人と人との関わりを、交流分析の言葉で「ストローク」と呼びます**。ストロークは、もともと「なぞる」とか「さする」という身体的接触（刺激）を意味する言葉ですが、交流分析では人の発達に伴って生じる「存在の認知を示す行動」をストロークと呼びます。

身体が成長するうえでタンパク質やビタミンなどが必要であるように、心にも栄養が必要です。心の栄養、それがストロークなのです。

学級の子どもたちも、ストロークを必要としています。子ども達が健全に成長するために、言葉かけは欠かせないものだと言えます。

教育活動のなかでは、多くの言葉をかけられるようになりましょう。愛情こもった言葉かけが、ストロークとなり、子どもの心を健やかに育てていくのです。

AFTER

とめ、曲げ、はらいに気を付けて、字を書いてみましょう。

(よーし、自分なりに、よくできたな)

わっ、うまい！　みんな、Aくんを見てごらん！

本当だ。Aくん、すごい！

(ほめてもらえた！　うれしいな！　もっとがんばろう！)

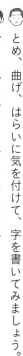

指導の技術②　理想イメージを描く

一年間を終えるときに、学級は大きな変容を遂げています。

受けもつ担任の教師により、クラスごとに空気感が異なるのです。

不思議ではありませんか？

前年度のクラス替えにおいて、人間関係や学力など、様々な要因をひっくるめて等しくなるように分けられていることが多いはず。それにもかかわらず、一年が終わる頃には、担任の教師のちがいにより様子が大きく異なるのは、どうしてなのでしょうか。

指導内容そのものは、指導要領で規定されていますので、大きく変わることはありません。

では、なにが異なるのでしょうか。

それは、教師の理想イメージのちがいです。

教師により理想イメージが異なるので、全く同じ状況と出合ったとしても、言葉かけが異なるのです。

例えば、次のような状況で考えてみましょう。

BEFORE

【朝の会で】

では出席をとります。Aさん。

はーい……

Bさん。

ハイッ！

Cさん

はーい……（小さな声で）

この例に出てくる教師は、決してサボっているわけではありません。そもそも、子どもの行動に対して「気付いて」いないのです。

「人に呼ばれたらハッキリと返事をする」という理想イメージを描いていれば、Aさんの返事が気になります。そしてBさんの返事をどう取り上げればよいかを考えるはずです。理想イメージを描けていない教師は、どれもスルーしてしまうのです。

気付かないのは、教師が返事についての「理想イメージ」をもたないからです。

「一年かけて子どもにどのような力を付けたいのか」「どのようなことができるようになってほしいのか」「どうあればよいのか」という、具体的なイメージとして、教師の頭の中に描けているかどうかが肝心なところです。これが描けていなければ、子どもの行動に対して言葉を発することはできません。できたとしても、それは「思い付き」であり、繰り返されることはありません。行きあたりばったりの指導を続けていると、「先生が前に言ってたことと、今はなんかちがう……」と子どもに感じさせてしまうかもしれません。

教師に理想イメージがなければ、言葉かけされることがなく、成長のチャンスが失われてしまうのです。

例えば、子どもたちが登校し、授業が始まるまでの間には、どのような行動ができていればよいと考えるでしょうか。次のような理想イメージを描いていたとしましょう。

(1)朝、学校に来たら友だちにあいさつをする

この理想イメージがあれば、教師はあいさつする子どもを気にかけるようになります。「今

日、Ａくんは自分から友だちにあいさつしていたんだよ！」とほめることができます。

⑵宿題を提出するとき、角をそろえる

このイメージを描いていれば、教師は宿題の提出の仕方に注意を向け、「宿題の出し方について、思うことはないですか？」などと、問いかけて指導することができます。

教師が理想的なイメージを描いているから、それがセンサーとなります。センサーに引っかかるから、言葉を発することができるのです。

これを繰り返すことによって、学級は育っていきます。かくして、学級ごとに異なる雰囲気が形成されていくのです。

大切なのは「教師が理想イメージを描く」ことです。

学校教育は、子どもが学校にいる時間の全てで行われるものです。それぞれの時間において、どのような姿になればよいのか、理想イメージを明確にしておきましょう。

例えば、私は次のような理想イメージをもっています。

・自分たちで整列できる　・忘れ物をしたら自分で言いに来る
・「音読できる人？」で全員挙手できる　・本気で音読する
・丁寧に文字を書く　・たくさん書く
・自分からあいさつする　・時間が余ったら、自分のやるべきことがやれる
・発表しながら学級全体が見れる　・自分の食べられる分量を食べ切る

このような理想イメージは、全て紙に書きましょう。ノートやパソコンへ箇条書きにして羅列していきます。書き出した紙は、ノートや自室の壁に貼り付けておくようにするとよいでしょう。普段から、目にふれるところへ貼り出すようにしておきます。

言葉を発するには、瞬発力が必要となります。いちいち「そうだ、気配りについて育てるんだった……」なんて考えている時間はありません。日常的に目を通しておくことにより、**無意識の領域にまで落とし込みましょう。**

目指すべき理想イメージをもつことはどのような子どもたちを育て、どのような学級を作り上げていくのかを構想することに他なりません。教師の理想イメージが学級の成長を決め、学

級の雰囲気を創り出すのです。
自分なりの理想イメージを、一通り書き出してみましょう。まずは、次の時間において、 5
項目ずつ書き出してみます。どんな些細なことでもよいでしょう。

- ・登校
- ・朝礼
- ・先生の話を聞く姿勢
- ・宿題の答えあわせ
- ・授業
- ・休み時間
- ・話し合い
- ・発表
- ・給食の時間
- ・掃除の時間
- ・帰りの時間
- ・班活動

AFTER

では出席をとります。Aくん
はーい！
Bさん
ハイッ！
今のBさんの返事を聞いて気付いたことのある人はいますか？
ハッキリとした声で返事をしていました。
そうですね。返事はBさんのようにハッキリとできればよいですね。

指導の技術③ 理想をもちつつ、低く見る

前項目では、「かくあるべき」という理想イメージは、できるだけ高くもつ必要がある、と述べました。子どもの具体的なイメージをもつことにより、言葉かけのセンサーがつくられます。

しかし、気を付けたいことがあります。

それは理想イメージをもちつつ、「できなくてもよい」という余裕ももたねばならないことです。

一見すれば、これは前に述べた項目と矛盾するように感じられるかもしれません。

一つの例をあげて説明します。

SCENE

［教師が理想イメージを高くしているとき］

はい、この問題を解ける人は？

……

なんだ、手を挙げるのは、たった3人か？

……

まったく、こんな問題を答えられないなんて、どういうことだ。答えは、書けているだろう？それを答えるだけだぞ。

……

もう、5年生だぞ！　こんなことで、挑戦する心をもたずに、どうするんだ！

……（こんな雰囲気で、手を挙げられるわけないじゃないか！）

この教師は、「クラス全員が挙手して回答できる」という理想イメージを描いています。だからこそ、理想と現実との隔たりが見えてしまうのです。

すると、教師の心に焦りが生じます。「なんとかしなければ」と、圧迫感のある言葉かけを

指導の技術
29

してしまうことになるのです。

理想を高くもつことは大切です。ただ、**理想を求める目のみで子どもを見ると、できないことばかりが気になってしまいます。**

子どものがんばりが見えなくなってしまうのです。

言葉は、意気込めば伝わるというものではありません。

それは、植物を育てているときに、「伸びないから」といって茎を引っ張りあげるようなものです。そんなことをしたら、根こそぎ抜けて、枯れてしまいます。

成長には、「ゆとり」と「待ち」が必要なのです。

言葉かけをするにあたっては、むしろ**「できなくて当たり前」**と思っているほうがよいでしょう。そうすれば、余裕をもって子どもと向き合うことができるはずです。

もちろん、「できなくて当たり前」のみでもいけません。それでは、「放任」することになってしまいます。2つの考え方を、同時に併せもつことが必要です。

高みを見つつ、低きから見るのです。

「育てたいと思いながら、育たなくてもいい」という心構えをもちましょう。理想イメージを描きつつ、心にゆとりをもつことで、言葉かけの力がより効果的なものになるのです。

AFTER

［教師が理想イメージを高くしつつ、「できなくて当たり前」と捉えているとき］

はい、この問題を解ける人は？

……

お！　すごいな。3人は、自分の考えを作っているんだな。

（あの子たち、ほめられてる！）

ほかの人たちも、考えを書くことはできている。でも、まだ手は挙げられない。その一歩が、難しいんだよな。先生もそうだったからな、わかるよ。

……（先生も挙げられなかったんだ）

でもね、チャレンジするのと、しないのと、力が付くのはどちらだろう。当然、チャレンジする方だよね。今日できない人も、明日はチャレンジできるといいね。

（……そうだな、今日は無理だけど、明日はがんばってみようかな！）

指導の技術④

言葉かけのバリエーションをもつ

さて、自分のなかに理想イメージが構築できたなら、次の段階へと進んでみましょう。

教師の言葉かけレベルを上げていきます。言葉かけが上達すれば、様々な角度から言葉をかけられるようになります。まずはこの例から見てみましょう。

SCENE

 おはようございます。

 ……

 ちょっと待ちなさい。

 なんですか？

 どうしてあいさつしないの？　何回同じことを言えばいいんだい？　自分からあいさつしようって、この前確認したよね？

はい……（朝から叱られるなんて！　もう、イヤになるなあ……）

子どもへ言葉かけするにあたって、一番ラクで手っ取り早いのは、例のように「そのまま伝える」ことです。「あいさつさせたい」ときに「あいさつしなさい」と言うことです。それなら、はやいし、わかりやすいし、一言で済みます。

ただ、それは誰にだって言える言葉なのです。そもそも、何の工夫もないその一言で子どもが言うことを聞くのであれば、教育の問題なんて起こらないことでしょう。このままでは、教育のプロとして失格です。

伝えたい言葉をそのまま伝えるのは、最もレベルの低い方法だと言えます。言葉かけのレベルを上げたければ、指導したいことを「直接言わない」ように心がけることです。「甲」を伝えたいのであれば、「乙」と伝えるのです。

自分自身に、このルールを課してみます。そうすれば、言葉かけのレベルが飛躍的に向上することが感じられるでしょう。

さらに、ちがった角度から言葉をかけていきます。言葉かけには、次の5種類があります。

PATTERN ①ほめる

おはようございます。

……ざいます。

お、あいさつできたね！　**成長してるよ！**

……（朝から、いい気持ちだな）

PATTERN ②叱る

今日は、門のところに見守りの方がおられましたね。おうちの方、先生など、目上の人に、自分からあいさつできましたか？

できました。

できていないという人は、立ちなさい。

……（数人が立つ）

あいさつというのは、人間関係の基本です。あいさつをするとき、お辞儀をしますよね。これは、自分の急所を相手に見せているのです。欧米では握手をします。これは、武器をもっていないことを証明しているのです。実は、あいさつというのは、「私はあなたの敵ではなく、味方である。仲間である」ということを伝えるのが始まりだったのです。

（……そうだったのか……）

だから、あいさつをしないのは、相手にとても失礼なことなのですよ。

PATTERN ③はげます

今日、自分からあいさつできた人？

ハイ！

できなかった人？

ハイ……

できない人。**気持ちはよくわかるよ。先生も昔、そうだった。**「自分からあいさつしなさい」ってこわい先生から言われて、しぶしぶやってたんだよね。

（先生でも、そうだったんだ）

でもね、そうやってあいさつを続けていると、どんどん学校が明るい雰囲気になっていったんだよ。そのとき、あいさつの大切さに気付いて、今でも続けているんだ。

へえ……

明日は自分からあいさつしてみようよ。大丈夫、少しずつ始めてみよう。

ハイ。（そうか。ぼくも、やってみようかな！）

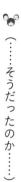

PATTERN ④問いかける

今日の自分の「あいさつ」についてふりかえってみましょう。

できたと思ったら、指で、1本ずつ数えなさい。

ハイ。

おうちを出るときに、「行ってきます」と言った。

（まずは1点！）

友だちに自分からあいさつをした。

（2点！）

先生に自分からあいさつをした。

（3点だ！）

教室に入るときに、自分からあいさつをした。

（しまった、やってない！）

何点になりましたか。

……3点でした。

明日は、なにに気を付けようと思いますか？

見守りの方や、教室全体に自分からあいさつができるようになろうと思います。

PATTERN ⑤挑発する

（教室のドア前を無言で通り過ぎたとき）

……あれっ？

……え？

**ふつうねえ、ここで何か言うものなんだけどなあ〜。**

あっ、そうか！　おはようございます！

おはよう。よいあいさつだねえ。

このように、「自分からあいさつする」という一つの指導場面でも、5種類の角度から言葉をかけることができます。

さらに、それぞれの種類の言葉かけに、10の技法があります。本書を読めば、相当に多くの言葉かけがあると気付くことができるでしょう。

「伝えたいことを、そのまま伝えない」

これを、言葉かけのルールとして自らに課してみましょう。バリエーションをもつことが、言葉かけのレベルアップの第一歩です。

指導の技術⑤ 言葉かけの対象を変える

小学校では、「高学年になるほどほめにくくなる」という声があります。個人に対してほめようとすると、子どもが嫌がってしまうことがあるのです。

次の例を見てみましょう。

BEFORE

○さんは、移動するときがとても丁寧だ。椅子を、きちんとしまって移動していたんだ。いや、感心したよ。

（やだ。名前を出さないでほしい。恥ずかしいなあ……）

そういうがんばりが、君の力になるんだよ。すばらしいね。

（まわりの子が、イヤな目で見てる……）

みんなも、○さんを見習わないといけないな。

（もうやめて！）

このように個人への言葉かけによって、周囲から浮くように感じさせてしまうことがあります。嫌な思いをさせかねないことから、教師が言葉かけを避けてしまい、それによって、学級がぎこちない雰囲気になってしまうこともあります。

そこで工夫したいのが、言葉かけの対象です。

言葉かけには、３つの対象があります。

「個人」「グループ」「全体」です。

全体の前で個人に言葉かけするのが憚られる場合は、個別に言葉かけすれば、周囲の目を気にしなくても済みます。あるいは、グループを対象とすることで、ほかの子も含めて言葉かけするのもよいでしょう。

言葉かけの際には、どの対象にするのが有効か判断したうえで使えるようにしましょう。

個人（タイミング）

・朝のあいさつをしながら
・すれちがいながら
・全体の前で取り上げる
・机間巡視しながら

グループ

・号車
・班
・係、当番

全体

・学級全体
・学年全体
・学校全体

AFTER

1班は、みんな椅子をきちんと机にしまって移動したね。大変すばらしいね。

（わ、ほめてもらえた）

そういうがんばりが、力になるんだな。

（みんなで声をかけ合ってがんばっているからかな！）

みんなも、1班を見習わないといけないな。

（よし、またがんばろう！）

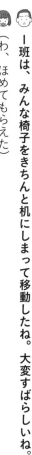

コラム「ピグマリオン効果」

職員室において、次のような会話を聞くことはないでしょうか。

「あの子たちって、本当にできないのよ。昨年受けもった子どもたちだったら、これぐらいできたのに……」

「ほんと、ダメよね。あの子たちは……」

私は、そういう言葉が嫌いです。子どもの力を信じないことは、教育活動に負の影響を与えるからです。いわゆる**ピグマリオン効果**と呼ばれるものです。

古代ギリシャの神話に、次のような話があります。女性の像に恋い焦がれたピグマリオン王は、彫刻に「人間になってくれ」と願い続けました。するとついに、アフロディテ神が願いに答えて、彫刻を人間に変えてしまいました。

この神話から、**周りから期待された通りに成果を出す傾向のことを、ピグマリオン効果と言うようになりました。**

ピグマリオン効果を証明したのが、アメリカの教育心理学者ロバート・ローゼンタールが1960年代に行った実験です。ローゼンタールは、学生をAとBの2つのグループに分け、それぞれにネズミを預けて、迷路を脱出できるように仕込んでくれと依頼しました。

その際、Aの学生には **「このネズミは遺伝子操作をしたスーパーマウスなんだ。特別なネズミだぞ」** と言いました。一方で、Bの学生には、**「このネズミは町で捕まえた、どこにでもいるふつうのネズミだ」** と言いました。しかし実際には、「スーパーマウス」というのは、まったくの嘘だったのです。A・Bの学生のどちらのネズミも、町でつかまえてきた、どこにでもいる普通のネズミでした。

しかし、同じネズミでありながら、「特別なネズミ」というAと、「ごくふつうのネズミ」というBとでは、説明のちがいが非常に大きな差を生むことになりました。**Aのネズミのほうが、Bのネズミより迷路を脱出する能力が明らかに高まったのでした。**

結果の理由は、学生の期待のちがいにありました。Aの学生は、「これは特別なネズミだ」と期待しているので、ネズミが間違っても辛抱強く訓練します。一方で、Bの学生は、最初からネズミに期待などしていません。**そのため、ネズミがまちがえると、「やはりこいつらじゃダメだな」と考えてしまうのでした。もともとの資質が劣るので、まちが**

えるのは当然であり、いくら訓練しても簡単にできるようになるはずがないと考えてしまうのでした。

私たちが子どもと向き合う態度もこれと同じことです。

子どもの成長を、はなからあきらめてしまえば、そこまでなのです。

私たちは、なんのために教師をやるのでしょうか。子どもを育てるためですよね。育てることが仕事なのに、「もとから育っている」子どもを期待しているとは、如何なることでしょうか。できないことを見つけたなら、それはチャンス！　腕の見せ所です。できない分だけ、力を伸ばすチャンスがあるのです。

少なくとも、その子どもたちを受けもっている期間は、「この子たちは天才なんだ。絶対に成長するんだ」と自分自身に言い聞かせることです。

「子どもの能力を信じること」

それが、教師に必要な心構えの一つではないかと思います。

言葉一
ほめ言葉

ほめ言葉とは？

誰かにほめられることは、うれしいもの。ほめ言葉は、他人からの承認であり、子どもの心に希望の光をともします。

子どもをほめたことが「ない」先生は、いないはずです。ほめ言葉は、すべての言葉かけの基本です。子どもは、ほめられることが喜びとなります。ほめられることにより、その行動を繰り返すようになります。これを「強化」と言います。子どもは学校生活の中で、強化を繰り返し、成長していきます。

「すべての言葉かけは、最終的にほめ言葉につながるものである」と、本書では規定します。

叱ったあとに、ほめます。叱りっぱなしにすることがあれば、子どもは傷つくばかりです。問いかけたあとに、ほめる。はげましたあとに、ほめる。挑発したあとにも、やっぱりほめる。最後にはほめ言葉へとつなげ、前向きな心を育てていくようにしましょう。

叱る

「そんな態度でいいのか!」

（活動後）**「よくなったね!」**

問いかける

「次はどうすればいいのかな?」

（活動後）**「前よりもよくなったよ!」**

はげます

「やれば、きっとできるよ!」

（活動後）**「できるようになったね、さすが!」**

挑発する

「こんなことは、君たちにはできないと思うけどなあ……」

（活動後）**「わっ、ここまでできるなんて。すごいね!」**

ほめ言葉のポイント

ほめ言葉は、それそのものが強いストロークになります。子どもをほめる際には、その効果を最大限に発揮したいものです。では、どのようなほめ方が効果的なのでしょうか。次のような例を見てみましょう。

BEFORE

（そろそろ、なにかほめなくちゃ……そうだ！）◯くん。昨日、計算がとっても早くなっていたね！

え？

ほら、昨日の授業中のことだよ。最近、すごくよくがんばっているよねえ。

は、はあ……

その調子で、がんばってね。

……（なんだよ、白々しい……）

ほめ言葉は、お世辞やおべんちゃらではいけないのです。子どもは感性が豊かです。それが本気の言葉なのか察します。ほめ言葉は、がむしゃらに伝えればよいものではありません。ほめ言葉を伝えるうえで、大切なことが3つあります。

①すぐにほめる

1つ目は、「すぐに」伝えることです。

例えば、翌日になって「昨日、君の座る姿勢がよかったね」なんて言われたとしても、思い出すのは難しいことでしょう。しかし、姿勢がよい瞬間に「おっ！　その姿勢、いいね！」と伝えられれば理解できます。

ほめ言葉には「賞味期限」があるのです。行動心理学では、60秒以内にほめることが効果的とされています。**60秒で、ほめるチャンスは腐ってしまう**と捉えておきましょう。**子どものよい行いに気付いたら、できるだけはやくほめ言葉を伝えられるようにしましょう。**

②たくさんほめる

たくさんほめましょう。「ほめると気まずくなってしまって……」などと、ほめることに躊躇してしまう教師は、ほめ足りていないのです。0から1にするのは難しい。でも、10を20や30にするのは、そう難しいことではありません。

望ましい行動を見つけたら、はじめは毎回ほめます。見過ごすことなく、すべてほめるようにします。

学級開きの4月は、特にできるだけ多くほめます。**そのうちに、不規則性をもたせるようにするとよいでしょう。**2回のうちの1回ほめる、3回のうちの1回ほめる……というように、ほめ言葉を間引きしていきます。そうやって、子どもの行動を習慣づけていけるようにしましょう。

③3点セットでほめる

ほめ言葉の効果をさらに高めるためには、**「言葉&タッチ&ごほうび」**の3点セットが望ましいです。タッチというのは、肩をポンとたたいたり、ハイタッチしたりするなど、身体の接触を意味しています。身体接触を伴えば、成功体験が記憶として定着しやすくなります。（ただし、子どもが異性であったり、身体接触を好まない場合は控える必要があります）

さらに、花丸などのごほうびを与えられれば、より高い効果を発揮します。ただし、ごほうびに関しては、「ごほうびがないならやらない」という事態を招きかねません。「それそのものが高い価値をもつもの」は避けるようにします。花丸のほかには、シールやスタンプなどがよいでしょう。

AFTER

［授業中］

おっ！　Kくん。計算が早くなったね！

そう？

そうだよ。新学期がはじまった頃と比べると、全然ちがう。

そうかなあ。

そうだよ。**成長してるねえ！**（**花丸をする**）

（わ、花丸だ。うれしいな！）

その調子でがんばっていこうね。（**肩をポンとたたく**）

うん！

ほめ言葉のレベルアップ「ほめグセを身に付ける」

BEFORE

[朝、教室に向かっている]

(……はあ。今日も、学校の仕事をがんばるか……)

先生、おはよう!

ああ、おはよう。

先生、聞いてよ。今日ね、髪の毛をね……

へえー。そうなんだ。

(なんだか先生、つまらなさそうだな。おもしろくないなあ……)

ほめることで、子どもは育ちます。

ほめる生活は、教師のあり方の基本と言っても過言ではありません。

気恥ずかしくても、教室では「ほめモード」全開にせねばなりません。

自分のほめモードを全開にするためには、朝起きてから子どもと出会うまでの時間が大切になります。この間に、モードを切り替えられるようにしたいものです。

まずは、出勤している間に、目の前にあるものをほめてみましょう。

どんなものでもいいです。電車の吊り広告について「色彩のバランスがいい！」とほめる。看板について「その角度は、見やすいね！」とほめてみる。目の前のおじさんについて「ネクタイの色がきれいだね！」とほめる。（決して声には出さないように）そして、学校に到着。

教室に向かうまでの間、廊下で出会う子どもたちを次々にほめて歩きます。


「おっ、傘をきちんとたたんでいるねえ」

「雑巾を綺麗にかけている！」

「朝からあいさつが気持ちいいなあ！」

「身なりがきちんとしているなあ、さすが！」

こうして、ほめ言葉のウォーミングアップをしておけば、教室で子どもと出会う頃には、次々とほめ言葉が口をついて出てくることでしょう。

ほめ言葉のトレーニング

- 食器をほめる
- 朝食をほめる
- 家族をほめる
- 自分の靴をほめる
- 通勤手段をほめる
- 目の前に座っている人をほめる
- 校門をほめる
- 校舎をほめる
- 同僚をほめる
- 校長先生をほめる
- 通りすがりの子どもをほめる

AFTER

今日も、廊下がとってもきれいだ。
昨日の掃除当番が、がんばってくれたんだな。
おお、○さん！　今日は帽子をきちんとかぶっているね。いいね！

［教室に入る］

先生、おはよう！

ああ、おはよう。**今日も、いいあいさつだね！**

えへへ。

おっ。今日の髪型、三つ編みなんだね！　**朝からがんばってきたんだね。**

そうなんだ。お母さんに、結んでもらったんだよ。
（朝から先生にほめてもらえた！　うれしいな！　よーし、今日もがんばろう！）

CASE 1
返事の声が小さいとき

BEFORE

○くん。

ハイ。

○くんの返事は、すばらしいね。

え?

きちんと声が出ているよ。

は、はあ……(誰だって返事くらいできるだろう。先生はなにが言いたいのだろう?)

しっかりとした声で返事ができるって、すてきだね。

……(別に、うれしくない。声なんて、ほかの友だちも出せているしなあ……)

▼発想の転換ポイント

「あなたは〜」を「私は〜」に変える

このケースの考え方

この事例では、教師が子どもをほめようとしています。

しかし、ほめ言葉がうまく伝わっていません。子どもは、しらけてしまい、うれしくなさそうです。ほめ言葉を使うときにありがちな問題です。

原因は「Iメッセージ」と「YOUメッセージ」にあります。

今回使っているのはYOUメッセージです。つまり「あなたはすごいね」と、子どもの様子を評価しているのです。主語が相手なのです。

主語が相手の場合は、それを否定することができてしまいます。

例えば「あなたは、いい声をしているね」と言われたとすれば、どうでしょうか。きっと、多少はうれしいことでしょう。

ですが、「うれしいけど、本当にそうかな？　もっとよい声の人はたくさんいるし……」というように、反発の気持ちをもつこともできてしまいます。

このように、ＹＯＵメッセージでは、「そうでもないよ」「そんなことないよ」などと心の中で反論させてしまいかねないのです。

一方で、Ｉメッセージではどうでしょうか。

Ｉメッセージとは、主語が「私は―」となるような言葉かけです。

「先生はすごいと思ったよ」と伝えられれば、それは相手が考えていることになります。

「先生がすごいと思うなんておかしい」と否定するのは難しいです。

つまり、**Ｉメッセージは否定しづらいのです。**

ほめるときは、ＹＯＵメッセージよりＩメッセージを用いるほうが、反発なく受け入れさせやすいのだと言えるでしょう。

AFTER

〇くん。

ハイ。

わッ！スゴッ！おどろいたなあ！ ほめ言葉 驚き法

え？

昨日よりも、大きな声で返事しているじゃないか。

成長し過ぎだよ！ ほめ言葉 やり過ぎ法

（自分では気付いてなかったけど、そうなのかな？）

そういう返事をしてくれると、先生は気持ちがいいよ。 ほめ言葉 意見法

そうなんだ。

ほかのみなさんも、返事をしてみましょう。さんはい。

ハイッ！

ほめ言葉①

やり過ぎ法

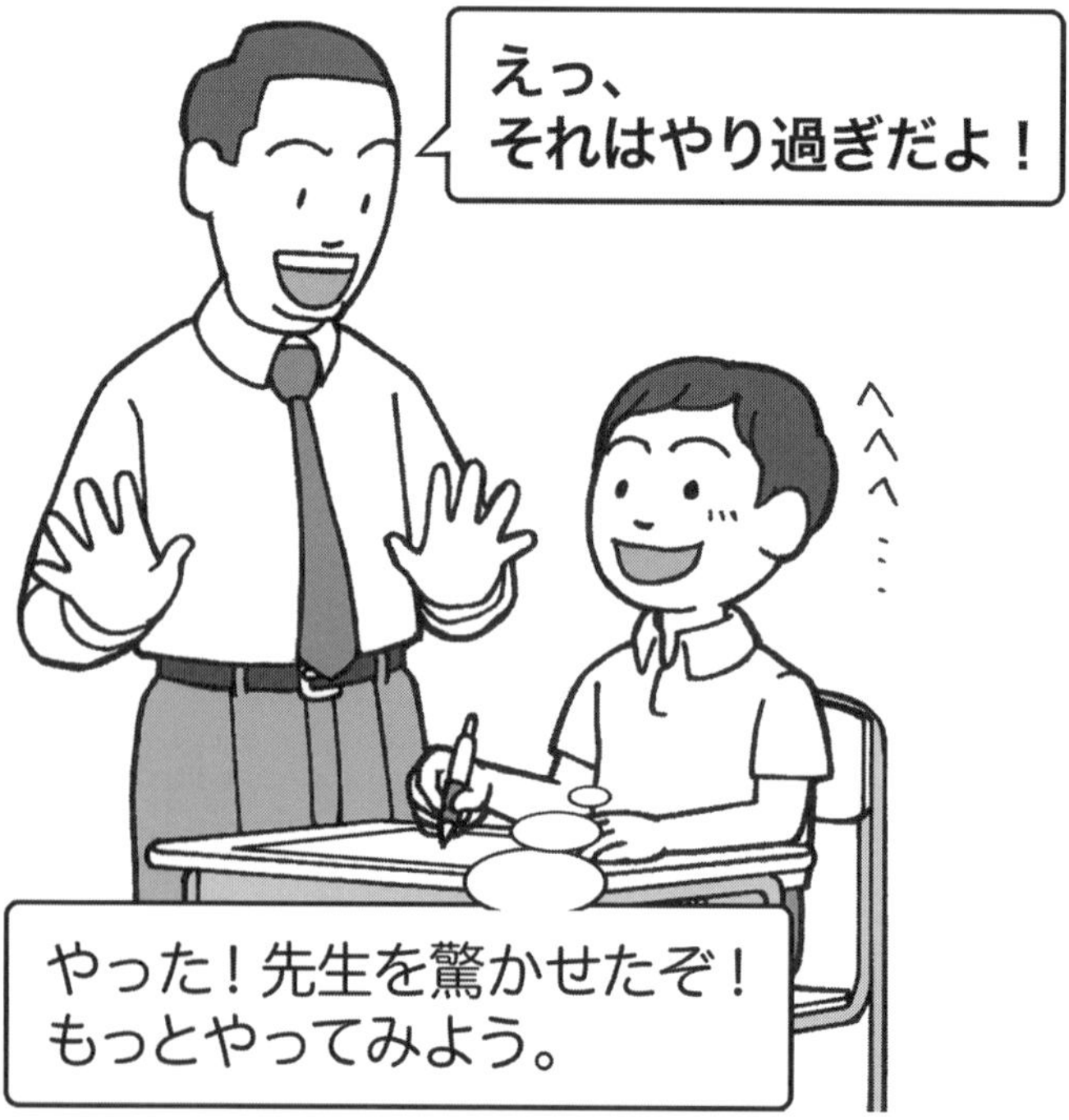
えっ、
それはやり過ぎだよ！
やった！先生を驚かせたぞ！
もっとやってみよう。

やり過ぎ法の定義　子どもの言動を大げさに評価する

子どもは、大げさな言葉を好みます。ツッコまれるように言われると、さらにうれしくなり、やる気のエンジンがかかります。「〜過ぎ！」とオーバーに伝え、子どもの意欲をUPさせましょう。

やり過ぎ法の例

「先生、できました」

「もうできたの!?　**はや過ぎだよ！**」

（ぼくもはやくやろう！）

やり過ぎ法の仲間

・きれい過ぎるよ！　・すご過ぎる！　・美し過ぎる！

・かっこよ過ぎる！　・ダントツだね！　・おいおい、どこまでやっちゃうの!?

・ズバぬけてるよ！　・うま過ぎる！　・かしこ過ぎる！

驚き法

驚き法の定義

教師が驚いてみせる

伝えたい言葉をIメッセージにするにあたり簡単な手法は、驚いてみせることです。「私はあなたの行動に驚かされたよ」ということになります。手軽でありながら、強いIメッセージのほめ言葉になります。ポイントは、語尾に小さい「っ」を入れることです。

驚き法の例

 この問題はすごーく難しいよ。

 先生、できました！

 本当かなぁ？　どれどれ……**で、できてる。はやっ！**

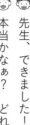

驚き法の仲間

・いいね！　・きれッ！　・ビックリした！　・よく知ってるねえ！

・もしかして、習字習ってる!?　・そうくるか!?　・その手があったか！

・そんなバカな！　・どうしてそんなことができるの!?　・そっち!?

ほめ言葉③

意見法

意見法の定義　教師の意見を伝える

教師が、自分の意見を率直に伝えます。指示でもなく命令でもなく、ただ教師の感じた思いを述べます。「私は〜」「僕は〜」「先生は〜」など、主観的に捉えた考えを言うことです。

意見法の例

さっきAくんは叱られていた。でも、**先生はAくんがよくやってくれてると思うんだ。**

先生は、僕のことをよく思ってくれているんだ。

意見法の仲間

- 〜と感じているよ。
- 〜だと思うな。
- 〜だと考えているよ。
- 〜じゃないかな。
- 〜と見ているよ。
- 先生の思ったことを言うよ。
- 先生はこう考えたんだ。
- 〜くんのよさはこういうところにあると思うな。

CASE 2

ほめる子どもが偏るとき

BEFORE

［リコーダー演奏の途中で］

リコーダーの音が、とてもきれいだね。

ハイ！

◯さんは、本当によくがんばっているねえ。すごいな！

えへへ……

みんなも見習おうね。

（なんだよ。先生は、あの子のことばっかりほめるんだ。
ぼくも、がんばってるんだけどなあ……）

▼発想の転換ポイント

「結果」ではなく「成長」をほめる

このケースの考え方

「結果」だけに注目すると、ほめる対象はクラスの一部の子どもに偏ってしまいます。走るのが得意な子、算数が得意な子、国語が得意な子というのは、概ねクラスの中で決まってしまっていることもあります。

がんばっているのにほめられない子どもは、「僕もがんばっているのに……」と落ち込んでしまいます。これでは、やる気がでるはずがありません。

では、どうすれば学級全員をほめることができるようになるのでしょうか。

大切なのは、子どもの「結果」ではなく、「成長」に目を向けることです。子ども1人ひとりには成長があります。昨日の子どもの様子と今日の様子を比べ、その成長を見取るようにします。**成長の度合いをほめるのです。**こうすれば、どの子どもも平等にほめられます。

それどころか、**「できない子」「苦手な子」のほうが、ほめやすくなります。成長の伸びしろが大きいからです。**

成長に目を向ければ、どの子どもにもほめるチャンスがやってきます。これは、子どもにとって喜ばしいことでありますが、実は教師にとっては大きな労力を要します。

学級全体を、ざっくりとながめていてはできません。**子どもの昨日の状態を想起しつつ、今日の様子を見て、成長に気付かなければいけないのです。**

画家ゴッホの言葉に次のようなものがあります。

「美しい景色を探すのではない。景色の中に、美しいものを探すのだ。」

教師という仕事では、こう言いかえることができるのではないでしょうか。

「成長した姿を探すのではない。学級の中に、成長しているものを探すのだ。」

教師である私たちは、教室という景色の中から、子どもの成長する姿を探し出してやらねばならないのです。子どもたち1人ひとりの様子を、よく把握しましょう。そして、小さな成長を逃さずにほめ言葉をかけられるようになりましょう。

AFTER

［リコーダー演奏の途中で］

○さん、すごいなあ……！
ますます綺麗に吹けるようになってきたね。 ほめ言葉 ますます法
一度、吹いてくれるかな。

ハイ！

［演奏する］

舌を使って、細かく切りながら吹いているでしょう。
こうすると、よりきれいな音が出るようになるんだよ。 ほめ言葉 価値付け法
なるほど。

（みんなの見本になれた！　やった！）

ではもう一度、全員で演奏してみよう。○さんのようにね。さんはい！

（ぼくも、マネしてみよう！）

ほめ言葉④

ますます法

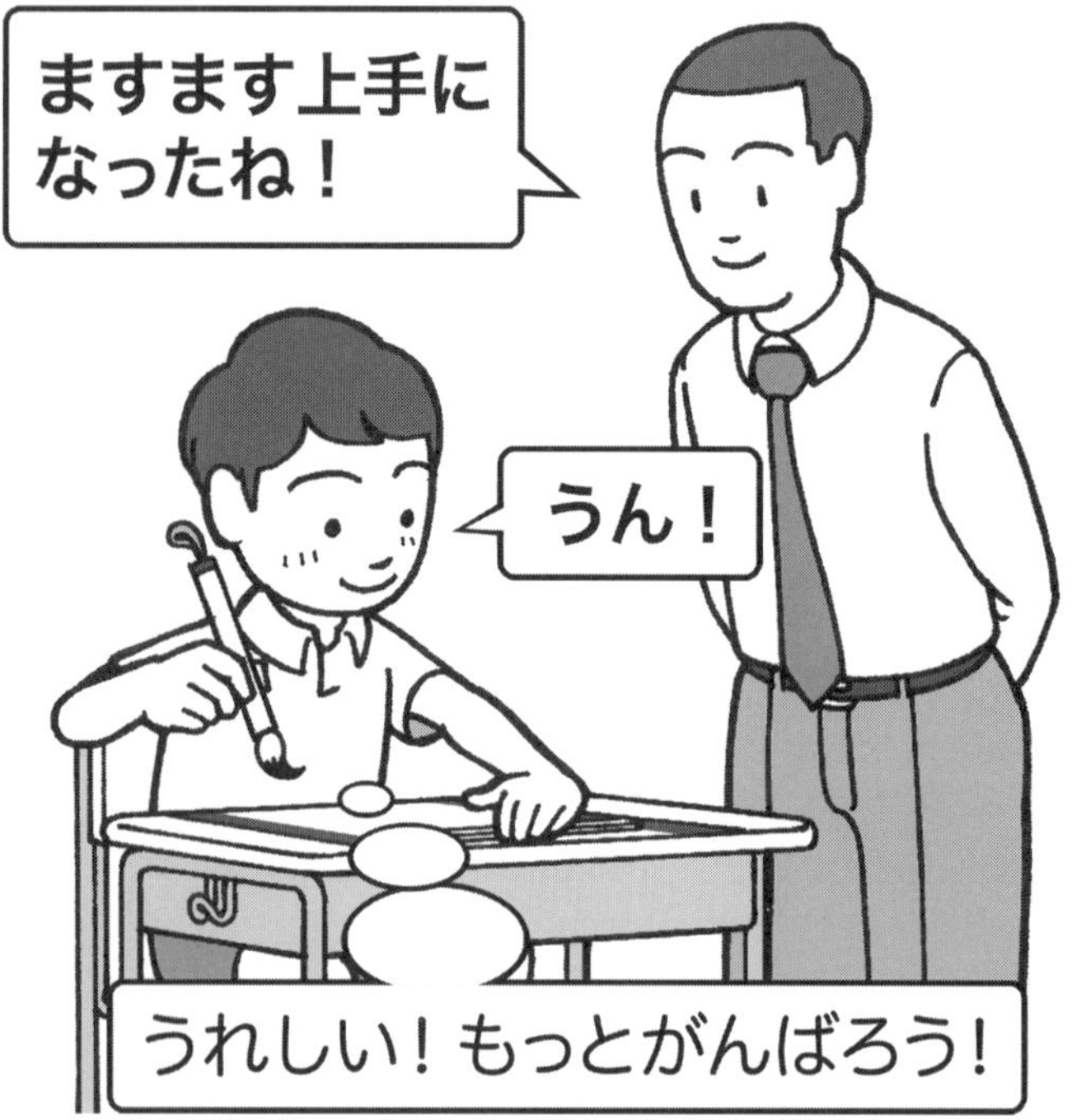

ますます上手に
なったね！
うん！
うれしい！もっとがんばろう！

ますます法の定義　従来よりもよくなっている状態をほめる

ほめ言葉をかけるとき、現状の結果ばかりに目を向けていると、「これまでだって、がんばってたのに……」と、ネガティブに受け止めさせてしまうことがあります。これまでの努力を認めつつ、「成長」を認める言葉を伝えましょう。

ますます法の例

前よりも、ますますよくなったね！　腕を上げたな！

そう？（やった！）

すごくいいよ。その調子だよ！

「ますます法」の仲間

- さらに腕を上げたな！
- 成長したね！
- どんどんよくなるね！
- グレードアップしている！
- レベルアップだ！
- グングン伸びてるぞ！

ほめ言葉⑤

価値付け法

いま、Aくんは話している人の目を見て聞いていたんだ。そうしていると話している人が安心できるよね。
なるほど。ぼくもやってみよう。

価値付け法の定義　なぜ優れているのかを価値付ける

具体的な行為と、それが及ぼすよい影響について、具体的・論理的に説明します。その行為の価値を理解させせます。納得させることで、さらにその行動を続けていこうとする意欲をもたせます。

価値付け法の例

今日、ゴミを教室の端まで取ってくれていたよね。
そういうことを続けてくれていると、教室がピカピカになるんだよ。

なるほど。

ほかの人も、できるといいね。

価値付け法の仲間

・どうしてすばらしいのかと言うとね。
・例えば、こんなことにつながるんだ。
・このがんばりが、このように生きてくるんだよ。
・今やっていることは、大人になってからでも役立つよ。

CASE 3

ほめ言葉を言われ慣れているとき

BEFORE

［休み時間、運動場で］

 ○くんは、やっぱり足が速いね！

 まあね。（いつも言われてることだな……）

 運動神経がいい。将来、陸上選手になれるよ！

 そうかなあ……

（また足の速さの話か。いつも同じことを言われるんだよなあ……）

▼発想の転換ポイント

だれも気付いていないところをほめる

このケースの考え方

すでに固定した評判や印象をもたれている子どもは、評判通りにほめても「またそれか」としか思わず、好ましく思わないことがあります。

子どもたちは、自分自身に対して、ある種の思いこみをもっています。「おしゃべりがうまい」「算数が得意」とか、そういう諸々の期待です。だから自分のもっている自己概念と同じようなことを言われたところで、それは当たり前としか認識されず、あまり記憶に残らないのです。

そんなときは、ちがった角度からほめることができないかを考えてみるとよいでしょう。

例えば、サッカーを習っていて、熟練しているような子に「君はサッカーが上手だね！」とほめたところで、よく言われている場合にはそれほど喜んでくれないこともあります。

別なところを探してほめるようにします。

「読書の量がすごい！　そういう知識が、作戦を練るのに役立っているんだね」

など、**相手にとって、今までそんなことを言ってくれる先生はいなかったな、**という点を探して伝えてみましょう。

予想外のほめられ方をすると、子どもの心に印象深く残ります。「自分には、そんなよい点があったのか」とインパクトのあるほめ言葉になることでしょう。

次のように自分自身へ問いかけながら、その子どもを観察してみましょう。

「ほかの長所はないだろうか。」

「その長所を活かしてがんばっていることはないだろうか。」

子どもの新しい一面を探すつもりで、よいところを探しましょう。そして、**子どもにとって新鮮で、一度も聞いたことがないようなほめ言葉を伝えてあげましょう。**

AFTER

昨日、校長先生が、廊下を通ったでしょう。昨日の放課後に話しているとね、**「○くんはすごいね！」って言ってくれていたんだよ。**

ほめ言葉 伝聞法

なにがすごいのか、わかるかな？

ほめ言葉 お手本法

足が速いこと？

うん。それも、もちろんそうなんだけどね。

授業中にみんなに教えてあげていたこと？

そうなんだよ。算数の問題の考え方を、次々とみんなに教えてあげていたんだ。自分ができたことを、みんなに広めていた。これって、なかなかできることじゃないんだよね。

（○くん、すごい！）

運動場だけじゃなくて、教室でも足が速い！　これって、ステキなことだよね。

（ぼくには、そんなよいところがあったのか！）

ほめ言葉⑥

お手本法

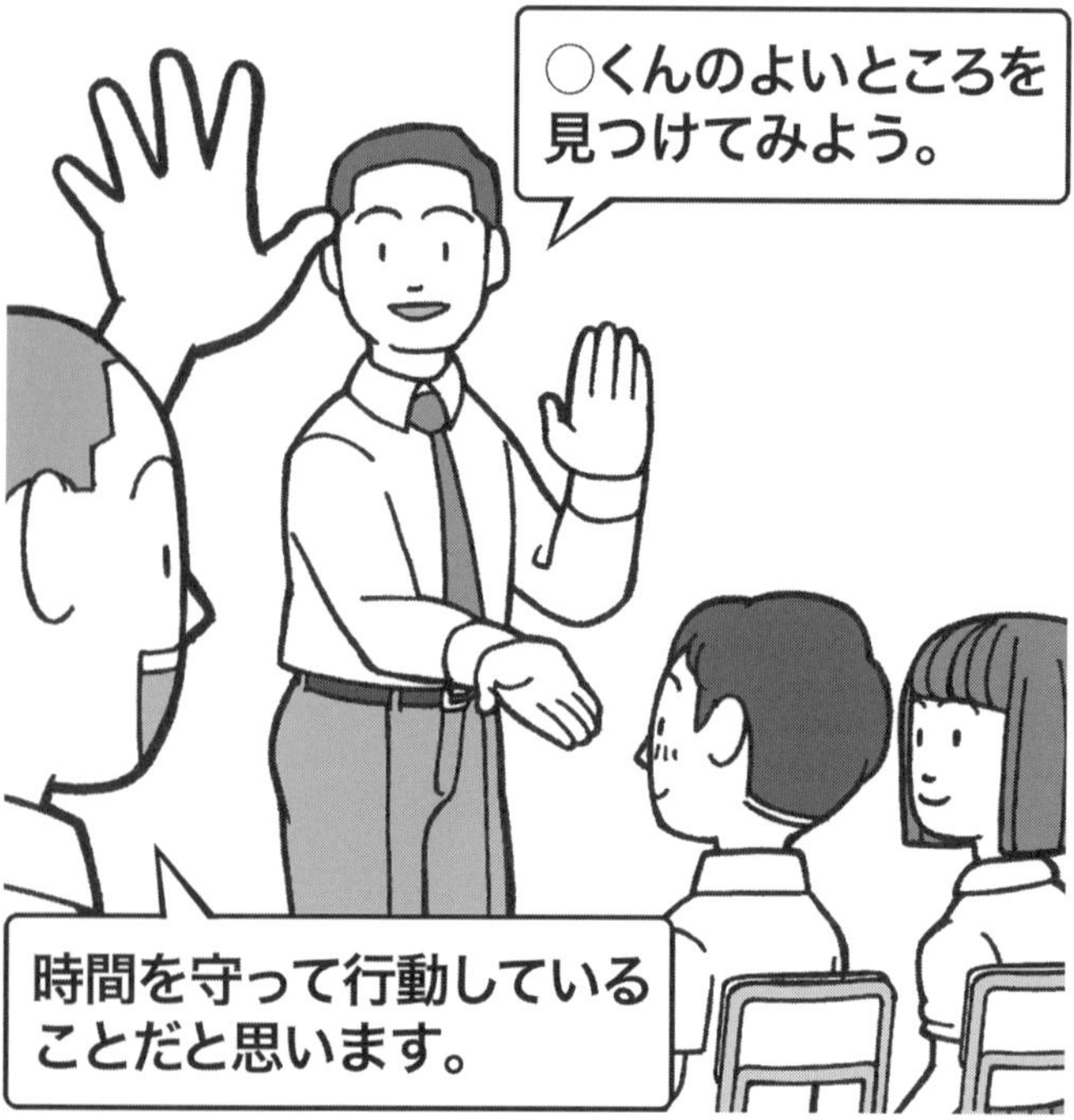

○くんのよいところを見つけてみよう。
時間を守って行動していることだと思います。

お手本法の定義　お手本になってもらい、優れている点を全体に気付かせる

よい行動を全体に広げることができれば、学級全体の力が高まります。よい行動を取り上げ、注目させ、他の子どももマネできるようにします。ヒーローインタビューのようにして、コツを質問するのもよいでしょう。

お手本法の例

〇くんが、がんばっているんだ。なにか、わかるかな？

発表するために起立するのが、速いことだと思います。

（みんなに認めてもらえた！　うれしいな！）

お手本法の仲間

- 〇くんが、すてきなことをしたよ。なにかわかるかな。
- うまくやるコツとかあるの？
- これが、〇くんのノートだよ。
- 〇さんを見てごらん！
- 〇さんを見習おう！
- ヒーローインタビュー！　〇さん、ポイントを教えて下さい。

ほめ言葉⑦

伝聞法

伝聞法の定義　人から聞いたほめ言葉を、本人に伝える

人づてに自分がほめられている話を聞くと、ほめられる言葉の効果がさらに増すものです。他の人が言っていたよいことを、本人に伝えます。少し大げさにするのもよいでしょう。いろんな人から聞いたよい噂を伝えていきましょう。

伝聞法の例

 A先生に聞いたんだけど、昨日の授業中に大活躍したんだって？

 ハイ。（いい噂されてるんだな）

 **A先生が『最近○さんはますます努力してる』ってほめてたよ。**やるじゃん。

 えへへ。（よーし、もっとがんばるぞ！）

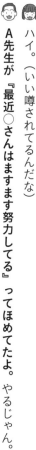

伝聞法の仲間

・校長先生がほめてくれたよ。
・風の噂で聞いたんだけどね。
・地域の方から、こんな声を聞いたよ。
・みんなほめているよ。
・よい話を聞いたよ。
・最近〜してるんだって？

CASE 4

トイレのスリッパをそろえないとき

BEFORE

［トイレの入口で］

こら！　スリッパをそろえなさい！　なにを考えてるんだ！

あ、はい……

まったく、そんなだらしのないことをして、恥ずかしくないのか！

……うるさいなあ……

なんだ、その口のきき方は！

……（スリッパくらいのことで、ゴチャゴチャ言わないでくれよ！）

▼発想の転換ポイント

できている子どもに感謝を伝える

このケースの考え方

このケースでは、できていない子どもに対して、叱る指導で行動を変えようとしています。そうではなくて、できている子に注目して、よい行動を広める観点から言葉を考えてみましょう。

「北風と太陽」という話があります。

どちらが先に旅人の服を脱がせられるか、北風と太陽が勝負します。北風がいくら吹いても旅人は服をおさえるばかりですが、太陽がギラギラとあたためると旅人は服を脱いでしまいます。そのような話です。

感謝の言葉は、太陽の働きをします。人をあたため、心を動かします。

例えば、飲食店のトイレで「いつもきれいにご使用いただきましてありがとうございます」と書かれている貼り紙を見たことはないでしょうか。「汚さないでください！」などといった貼り紙を見ることは、あまりないはずです。

感謝されることで、人はその行動をしてみようという気持ちになるのです。

また、**感謝することは「私は、あなたの行動を有り難いと思った」ということであり、これはIメッセージの一つでもあります。**

感謝することは、ほめ言葉の中でもハードルが低いのです。

ほんの些細なことでも、感謝の言葉を伝え、子どもにやりがいや達成感を感じさせられるようにしたいものです。

AFTER

昨日、校長先生がほめてくれていたよ。「○くんが、トイレのスリッパをきちんとそろえてくれていましたよ。」ってね。

(わ、ぼくのことだ)

そうやってくれると、みんながトイレを気持ちよく使うことができるんだよ。**ありがとう。** ほめ言葉 感謝法

あ、いえ。

○くんは、気配りのプロだね。 ほめ言葉 うれしい例え法

先生が子どもの頃はさ、いい加減な子どもだったからね。そうやって、**周りのために行動できる○くんを尊敬するよ。** ほめ言葉 尊敬法

（先生も、できなかったんだ。○くんはすごいな。私も、がんばらなくちゃ！）

ほめ言葉⑧

感謝法

感謝法の定義

感謝の気持ちを伝える

子どもの行動に対して感謝の気持ちを伝えます。様々な機会において「ありがとう」を伝えるようにします。子どもは、感謝され、喜びを感じることができるようになります。

感謝法の例

 手伝ってくれて、**助かるよ。ありがとうね。**

 いえいえ。

 またお願いするよ。

感謝法の仲間

- 嬉しいよ。
- 君のおかげだ。
- 感謝してる。
- 恩に着るよ。
- 感謝感激だなあ。
- かたじけない。
- サンキュー！
- 礼を言うよ。

ほめ言葉⑨

尊敬法

尊敬法の定義　尊敬の念を伝える

教師が子どもに対して尊敬の念を抱いている気持ちを伝えます。言葉に憧れの気持ちをこめます。教師自身の子どもの頃や、これまで受けもった子どもと比較するなどして、がんばりをほめてあげるようにするとよいでしょう。

尊敬法の例

さっき間違えたのに、また手をあげてチャレンジしてる。すごい！
そんな5年生が、いるものなんだなあ……。

（がんばって手を挙げてよかった！）

尊敬法の仲間

・○年先生をやってきたけど、そんな人は初めてだよ。　・日本一の実力だよ。
・ああ、なんと素晴らしい。（しみじみと）　・ここまでできるとは……。
・天才集団だなあ。　・これができる○年生は聞いたことがないな。
・こんなことができる小学生がいるなんて……。

ほめ言葉⑩

うれしい例え法

うれしい例え法の定義

子どものがんばりを、ほかのものに例えて表現する

子どもががんばっていることを、ほかのものに例えてほめます。大げさに、わかりやすくユーモラスに伝えましょう。その子ならではの長所を見つけ、うれしいものに例えてみせます。

うれしい例え法の例

植物がなにでできているか、答えなさい。
根・茎・葉の3つでできています。
おお……完璧だ。**もう、植物博士だね！**
えへへ。（やった！）

うれしい例え法の仲間

- 〜のプロ！
- 〜社長！
- 〜ファイター！
- 〜職人！
- 〜の達人！
- 〜マスター！
- 〜チャンピオン！
- 伝説の〜！
- 〜の天才！
- 〜の神！
- 〜金メダル！
- 〜仙人！

コラム「K先生のほめ言葉」

かつての私の勤務校には、K先生という方がいました。K先生は、いわゆるカリスマ教師です。K先生が受けもつと、どんな子でもやる気になると言われていました。授業を見に行くと、全力の発声、キビキビとした行動、子どもの熱量に圧倒されました。不思議でした。どうすれば、このような子どもたちに育つのでしょうか? 遠巻きに見ていても、わからず、一日入り込みをさせてもらいました。それでも、よくわからなかったのです。

ある秋の日のことでした。

職員内の親睦を深める行事として、他校の職員とソフトボールの試合をすることがありました。私自身は、ソフトボールは苦手です。私は学生の頃、体操競技をやっていましたが、球技全般がダメなのです。バットを振っても当たらないし、投げてもどこかへ飛んで行ってしまいます。そんなわけで、私はベンチへ入ることになりました。試合に出れないとなれば、ますますおもしろくありません。私は、ベンチから遠巻きに応援をして過ごしていました。

その日の夜は、試合の打ち上げがありました。乾杯のあいさつをつとめたのが、カリスマ先生のK先生でした。

「今日は、勝つことができました。とてもうれしいです。今日勝つことができたのは、ある人のがんばりのおかげだと思います。」

私は、ホームランを打ったA先生か、何球も連投したピッチャーのB先生か、どちらが呼ばれるか考えていました。

「それは……三好先生です。」

私の名前が呼ばれました。驚きのあまり、声も出ませんでした。

(……え？　試合出てないですけど……間違ってない？)

K先生は続けました。

「三好先生は、ソフトボールは苦手に感じていると思うんです。でも、そんななかで、誰かが打つたびに、『よーし！』『そこからそこから！』と声を出していました。**その応援の声は、みんなに力を与えてくれました。**だから今回勝つことができたんだと思います。**ありがとう。よく頑張ってくれました！**　拍手を送りましょう！」

熱い語り口調でした。それは皮肉ではなく、心からそう思っているように感じとれました。私は照れくさくなって、苦笑いしながら「はあ」と頭を下げました。少し恥ずかしく、同時に、胸の中が、ほっこりとあたたまるのを感じました。

……あ、そうか。これだ。

私の中で、答えが見つかったような気がしました。**K先生は、全体の中で飛びぬけている力を見ているのではなく、全体の中で、たとえ小さくても成長しようとしている姿、それを見逃していないのです。**

だから、子どもたちも一人ひとりが生き生きと力を伸ばしていくことができるのでしょう。

それからというもの、私は「目立つ姿」を追うのをやめました。教室の一人ひとりに注目するようになりました。華やかに誰かが輝いている間にも、小さな成長が生まれています。小さな成長を、逃すことなく見付け、言葉かけできるような教師になりたいと思っています。K先生のように。

言葉2

叱り言葉

叱り言葉とは

近年、子どもを叱れない教師が増えていると言われています。
お友だち感覚で、近所のお兄さんやお姉さんのように接する教師もいます。

「叱ることができない。」
「どう叱ればいいのかわからない。」

職員室では、そんな嘆きの声が聞こえてくることがあります。
なぜ叱ることに躊躇してしまうのでしょうか。それは、叱ることには、いくつかのリスクが予想されるからだと考えられます。

まず考えられるのは**「叱ることを受け入れられない子ども」の存在です。**

叱っても**「ぼくだけじゃないのに」**など、**反抗してみせる子どもがいます。**

また、**保護者の存在も気になるところです。**厳しく指導した次の日に、連絡帳にビッシリ教師の指導の非を指摘されるなんていうこともあるかもしれません。

そして「子どもに嫌われたくない」「関係づくりにヒビが入りそうだ」と思ってしまう理由もあります。せっかく築きあげた関係を、壊したくないという思いも想定されます。

さらには、叱ること自体が苦手という場合も考えられます。これまでの人生において、大きく叱られることがなかった場合、どのように叱ればよいのかイメージがつかないということもあるでしょう。

そして、このようなリスク以上に、大きな要因があります。それは「子どもはほめて育てるものだ」という指導の風潮です。

「ほめて育てる」ことは前述の通り、とても大切なことです。

しかし、本書では、ほめることと同じくらい、叱ることも大切だという立場をとります。

車の運転で例えるならば、**ほめ言葉は、アクセルです。**

「あなたのやっている行動は正しいよ」と、進むように仕掛けているのです。

一方で、**叱り言葉はブレーキです。**「あなたのやっていることは不適切だから、進んではいけない」と伝える言葉です。

このように、**「ほめる」と「叱る」双方の働きがあってこそ、子どもを成長へと導いていくことができるのです。**叱り言葉は、子どもを育てるために、欠かせない言葉かけだと言えます。

さて、それでは、あなたが今やっている叱り方は、確かなものなのでしょうか。叱りに効果があるかどうかは、**「子どもの行動の変容」により測ることができます。**

叱ることはブレーキです。叱ることにより、子どもの望ましくない行動が減少するようであれば、その叱りは有効だと言えます。

ですが、子どもの行動に少しの変容も見られないのであれば、それは効果がある叱り方だとは言えません。**教育的効果がないのであれば、それは単なる「罵声」になります。**最悪の場合、体罰などに進んでしまうこともあり得るでしょう。

子どもは、大人の姿を見て育ちます。怒鳴ったり、ひっぱたいたりする教師は、「大人というのは環境に対して不適切な行動で反応したり対処している」と、子どもに教えることになりかねません。

子どもたちはそのようなモデルを通して、不適切で攻撃的な行動を学習するかもしれないのです。

「叱り方」についての知識を得て、適切な叱り言葉を伝えられるようになりましょう。

叱り言葉のポイント

叱り言葉は、使い方を誤れば子どもの心を傷つけかねません。また、信頼関係に響くこともあります。ほめ言葉よりも、慎重に扱う必要があります。では、どのような叱り方が効果的なのでしょうか。例えば、次のような状態を見てみましょう。

BEFORE

Aくん。そうじをサボっているじゃないか。

あ、ハイ。

やる気がないのか！　きちんとやらなきゃ、ダメだろう！

ぼくだけじゃないよ。Bだって、走り回ってたし。

そういうことを言ってるんじゃない！　きちんとしなさい！

ハーイ……(なんだよ、そんなに厳しく言わなくてもいいじゃないか！)

これでは叱り言葉が機能しているとは言えません。
叱り言葉には、次の3つの見極めが必要となります。

①即時か待ちかを見極める

自他を傷つけるような場合は、即時に叱る必要があります。しかし、それ以外であれば、必ずしも即時でなくてもよいでしょう。じっくりと様子を観察して、あとで呼び出してもよいのです。叱らねばならない状態を見つけたときは、即時叱るのか、少し待ってから叱るのかを見極めます。

②個人か全体かを見極める

個人ばかり叱っていると、「僕だけじゃないのに……」と反抗心を抱かせてしまう場合があります。教師から見れば「最も目立っている子」を注意しなければいけないと思いがちですが、望ましくない行動をしている子どもは複数人いることもあります。**グループ、学級全体、学年全体など、叱る対象の規模を見極めましょう。**

③厳しさの度合いを見極める

子どもの心身を傷つけてしまうような場合は、烈火のごとく叱りつける必要があります。それは、子どもを大切に思うがゆえです。感情的になってもかまわないでしょう。**ただ、そのほかのことに関しては、そう厳しくならなくてよいものです。**

度合いを見極めることが重要です。これが難しいところです。**心を冷静に保ち、ことの重大さに合わせて、厳しさの度合いを変化させられるようにしましょう。**

AFTER

（あ、○くんがそうじをサボっているな……）

あはは。

［活動後　学級全体に対して］

最近、みんなそうじをとてもよくがんばっているね。ただ、**君たちならわかっていると思うんだけど、今日のそうじは、残念だったよ。**自分たちでは、どう思う？

……あまり、できませんでした。おしゃべりしすぎてたかな。

そうだね。少し、おしゃべりが目立っていたね。

おしゃべりしたいのもわかる。**でもね、やっぱりなにかをしながら行動すると、集中力が欠けてしまうものなんだよ。このままだと教室がホコリだらけになってしまって困るんだ。**明日はどうやってそうじをしようか。

もう少し、集中してやるようにします。

明日の行動に期待しているよ。

叱り言葉のレベルアップ「父性を意識する」

叱りを苦手に感じている教師がいます。そもそも、叱るというのは特殊なことです。ふつうに生活をしていれば、「人を叱らねばならない状態」にはなかなか出合わないものです。特に「集団を叱らねばならない」ことなど、そうそうあり得ない事態です。

教師が叱りに適している性格であれば苦はありません。ただし、そういう性格をもち合わせていない場合は、難しくなります。

では、自分の性格が叱りに適しているかを考えてみましょう。

交流分析では、人の性格は次の5つに分類されています。

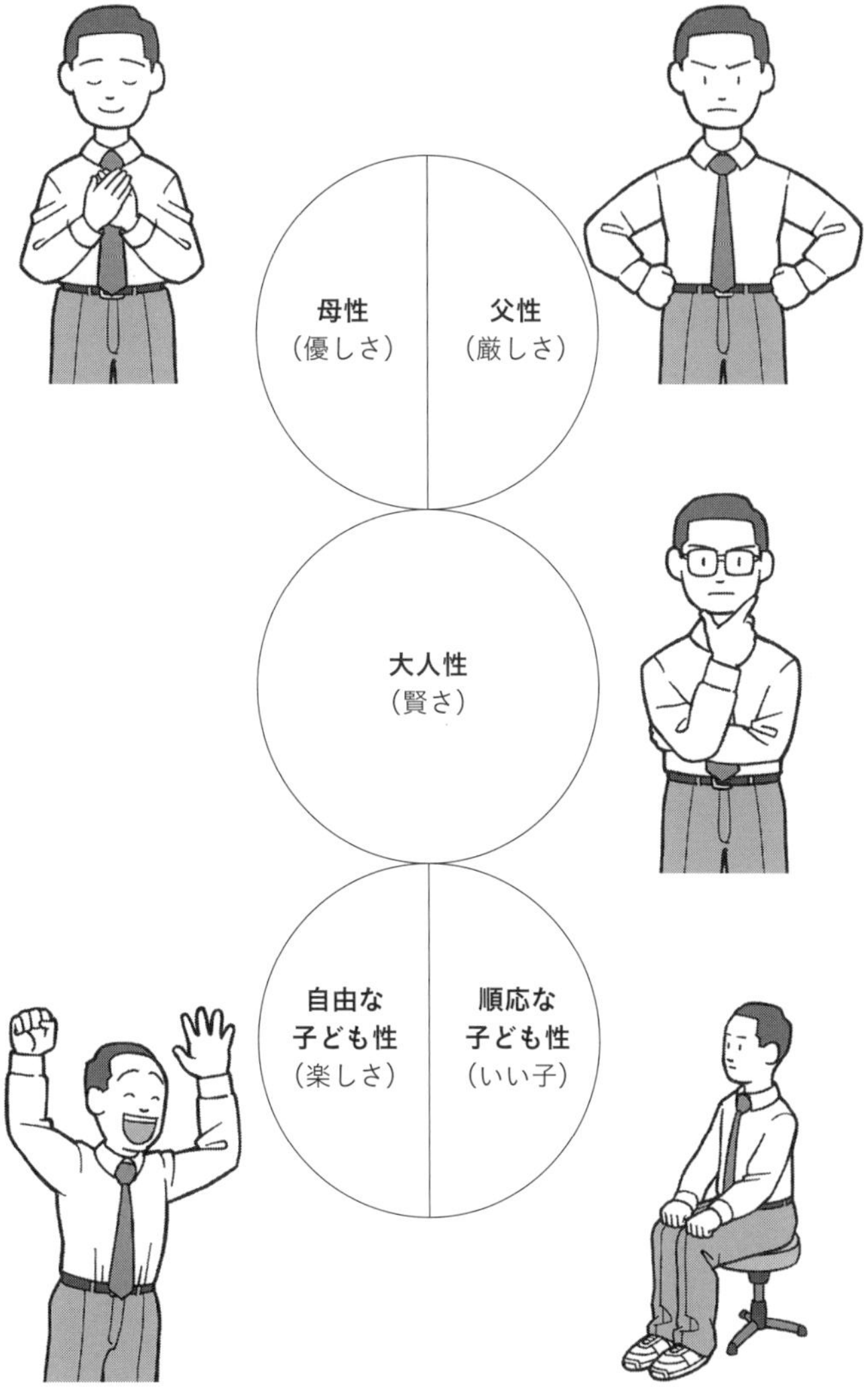
母性
（優しさ）
父性
（厳しさ）
大人性
（賢さ）
自由な
子ども性
（楽しさ）
順応な
子ども性
（いい子）

この5つの性格バランスが合わさって、人の性格が成り立っています。

この中でも**「父性」が著しく弱い人には、叱ることが難しいとされています。**どう叱ってよいのかわからず、子どもの指導に躊躇してしまうのです。

そういう場合は、意図的に父性を高められるようにしていきましょう。まずは見た目から変えます。そして動きを変えるのです。叱るときは、腰に手をあて、胸をはります。さらに、声を低くしてみます。そうやって、見た目から父性を高められるようにしましょう。


また、批判的な態度を身につけておきましょう。

ためしに、自分の身近なものを批判してみます。

新聞やネット、テレビのニュース番組を批判してみます。

声を荒く、意見してみるとよいでしょう。

さらに、次の言葉を使います。

- **~すべきです。**
- **~しなければならない。**
- **(ハッキリと)私の意見は~です。**

・**決めたことは最後までやろう。**
・**これで本当に満足していいのだろうか？**

また、次のワークをしてみましょう。

叱り言葉のトレーニング
・**ニュースの事件について批判する**
・**現状に満足していいのか自分に問いかける**
・**自分の尊敬する人物ならどのように言うのか考える**
・**時間、金銭に厳しくなる**
・**「最後まで譲らない」というものを一つもつ**

なお、**もともと父性が強い人は、これらのワークをする必要はありません。**父性が強すぎる教師では、子どもは息苦しくなってしまいがちなものです。子どもを健やかに育てるために、父性は適度にあればよいのです。

CASE 5

泣いてダダをこねるとき

BEFORE

やってくれる人は？

ハイ！

じゃあ、この問題は、○さんにお願いしよう。

あーん。ぼくも、やりたかったのにー！（机に突っ伏して泣いている）

まあまあ、もう……そんなに泣かないで。

あーん、あーん！

（困ったなあ……）○くん。次は、ね、ほら！　次は一番にあててあげるからね！

うん……（やったぞ、この方法でなら、先生が見てくれるし、言うことも聞いてもらえるんだ！　今度から、こうしよう！）

▼発想の転換ポイント

望ましくない行動を相手にしない

このケースの考え方

子どもは、望ましくない行動を起こすことにより、報酬を得ようとすることがあります。

例えば、おもちゃ屋でダダをこねて泣いている子どもがいたとします。そこで親がおもちゃを買い与えれば「ダダをこねれば、欲しいものが手に入るのだ」と学ばせてしまうことになります。

おもちゃ屋では、子どもの泣きわめきを無視します。まるで相手にしません。そして、泣きわめきが収まったところで、「また誕生日のときに買おうね」などとなだめます。こうして「泣きわめき」では報酬が得られないことを学習させるのです。

教室で起こる望ましくない行動も、「おもちゃ屋で泣きわめく子ども」と同じ原理で起こることが多いのです。

このケースでは、「泣きわめく」という行動により、「先生からのストローク」と「次にあててもらう権利」という報酬を得ています。「欲求の叶わない場面において、望ましくない行動

をすればよい」と学ばせてしまうことになっているのです。

無視したり、サッと否定することにより、行為の無意味さを伝えます。

無視を貫くには、教師の演技力が必要です。徹底してやりぬきます。チラリと目線をやるだけでも、気にかけていることが伝わってしまいます。見ない、聞かない、相手にしないことを心がけましょう。

無視を続けていると、子どもの望ましくない行動がヒートアップすることがあります。それでも、根負けしてはいけません。**そこで折れると、「そうか、ここまで大きくやれば、関わってもらえるのだ」と学ばせてしまうことになります。**

望ましくない行動は、いずれ消滅します。そのときまで、堪えぬくようにしましょう。

また、これには、**ほかの子の介入を許してはなりません。**教師が無視したとしても、友だちによる関わりが報酬になってしまうからです。「大丈夫、気にしなくていいよ」など、ほかの子どもにも、そっとしておくように伝えるのがよいでしょう。

なお、**望ましくない行動が止んだときも、ほめてはいけません。**「望ましくない行動→やめる」でほめてもらえるとわかれば、その流れを繰り返すようになってしまうからです。**子どもの状態をフィードバックするにとどめておきましょう。**

AFTER

やってくれる人は？

ハイ！

じゃあ、この問題は、○さんにお願いしよう。

あーん。僕も、やりたかったのにー!!（机に突っ伏して泣いている）

はい、**次の問題をやりましょう。** 叱り言葉 無視法

あーん！

泣いても、仕方ありませんよ。 叱り言葉 さっぱり否定法

○くん、大丈夫？

○さん。○くんは大丈夫です。そっとしておいてあげてください。みなさんは、問題を解きましょうね。

あーん……（だれもかまってくれない……）

もう、できた人がいますね。すばらしいね！

……（泣いていても、意味がないんだな……）

○くん、泣きやみましたね。チャンスはまたあるからね。次の問題をやりましょう。

CASE 6

教室移動がさわがしいとき

BEFORE

（教室移動の際）

今日は、理科の実験です。理科室まで静かに移動しましょうね。

ねえ昨日、テレビみた？

静かにしなさいって言ってるでしょう！

ハーイ。

まったく……

それでさ、昨日のテレビ、すっごく面白かったよねえ！

○くん！

（なんだよ、オレばっかり）ハイハイ、すみませーん。それでね……

▼発想の転換ポイント

子どものごほうびを取り上げる

このケースの考え方

罰することには反発が起こり得ます。例えば、叱責一つにしても、「どうしてそこまで言われなくちゃいけないんだ?」と否定的に捉えさせてしまうことがあります。その点、**「ごほうびを取り上げる」ことには反発しにくいものです。罰することに比べると、大きな痛みや不快感を伴わないからです。**

子どもにとって、学校生活におけるごほうびとはなにでしょうか。

例えば、学級でビー玉と空き瓶を用意します。そして「一日のめあてを達成できればビー玉を入れる」と決めたとします。子どもたちが望ましくない行動をとる場合、「今日のめあてが達成できていないから、ビー玉はナシですね」と伝えます。

これは「ごほうびを取り上げる」に相当します。このように、意図的にごほうびを作り出すことができます。

とはいえ、年中ビー玉を用意するわけにもいきません。そこで、**活動自体が子どもにとって快であれば、活動自体を取り上げてしまうようにします。**

例えば、授業中にやっている活動そのものを取り上げてしまいます。これも、ごほうびを取り上げることに相当します。

取り上げられた子どもは、行動を反省します。きちんと反省できたところで、元に戻してあげるようにすればよいでしょう。

ただし、**もしも活動自体が子どもにとって不快のものであれば、取り上げること自体が報酬となってしまうので、注意が必要です。**

例えば、そうじを不快と捉えている子に対して「そうじをやらなくてもよろしい」と言えば、「よくない行動をしていれば、そうじをやらなくてすむ」と学習させてしまいかねません。

活動について、「子どもがどう捉えているのか」を吟味したうえで取り上げましょう。

AFTER

［教室移動の際］

今日は理科の実験です。理科室まで、静かに移動しましょうね。

昨日テレビみた？

……。 叱り言葉 無視法

すっごく面白かったよねえ！

○くんは、残りなさい。行かなくてよろしい。 叱り言葉 取り上げ法

えっ？

みなさんは、行きましょうね。

いや、行きます。

みんなは、真剣に学習しようとしているんです。おしゃべりしたいのなら、**この教室で、好きなだけしゃべり続けていなさい。**では、さようなら。みなさん、行きましょう。

待ってください。

いや、いいですよ。行かなくて。では。 叱り言葉 さっぱり否定法

行きたいです！ おしゃべりしません！

叱り言葉①

無視法

無視法の定義　子どもの望ましくない行動を無視する

子どもの行動に注目しないようにします。子どもは、望ましくない行動をとり、そこからストロークや報酬を得ようとすることがあります。それを断つために、関わりをつくらないようにするのです。子どもの行為に対して徹底した無視を貫きます。

無視法の例

［授業中］

 なんちゃって。ね、先生。見て～！（先生に落書きを見せる）

 **次の活動に移りましょう。**

 （しまった、今はフザけるときじゃなかった……）

無視法の仲間

・そうですか。　・見たくありません。
・もう、知りません。　・ふうん。（一瞥）
・何ですか、それは。　・聞きたくありません。

叱り言葉②

さっぱり否定法

この問題の答えがわかる人？Aくん。
32です。
ダメ。
全然わかってない。
はい、次の人。
何がいけなかったのかな・・・、
あっ、返事するのを忘れてた！

さっぱり否定法の定義　言動を無表情で否定する

子どもの言動に対して、素早く否定します。理由も言わずに、否定のみで終えてしまいます。できるだけ短い時間で伝え終えるようにするのがポイントです。軽い否定から、「なぜそれがいけないのか」を考えさせることにつなげていきます。

さっぱり否定法の例

 名前は、スイミー……

 **ダメ。やり直し。**

 （音読がバラバラだったな、気を付けないと……）

さっぱり否定法の仲間

- 20点。やりなおし。
- できてないね。
- それだから、ダメなんだ。
- はい、できてません。
- それで満足ですか？
- 全然できてないよ。
- 甘いね。
- よくないね。

叱り言葉③

取り上げ法

日直が前へ出てくれませんね。
代わりにやってくれる人はいますか？
はい。僕がやります！
ではお願いします。
わっ、僕が日直です！
僕がやります！

取り上げ法の定義　活動を取り上げる

きちんとやろうとしない活動そのものを取り上げてしまいます。取り上げること事態が子どもにとって不快な出来事なので、厳しい叱責は必要ありません。取り上げ、別の活動をさせるように促し、子どもが反省できたら、もとの活動に戻します。

取り上げ法の例

［プリント配布時］

きちんと準備ができている列にだけ配りますね。

しまった、きちんとやらなくちゃ……

取り上げ法の仲間

・では、終わります。
・君たちだけ終了です。
・中止にします。
・片づけなさい。
・取り上げます。
・やらなくていいです。
・あげません。
・また今度にしましょう。

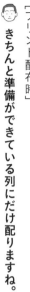

CASE 7

友だちを傷つけるとき

BEFORE

［授業中］

アハハ。ばかみたい！　死ねよ。

そういう言葉を使ったらダメだよ。

いいじゃん、マジじゃないんだから。

そういうことを、相手が気にしたらどうするの？

うるさいなあ、細かいこと言わないでよ。しつこいよ。

なんですか、その言葉づかいは!!　いい加減にしなさい！

（なんだよ、もう……。）

▼発想の転換ポイント

毅然として叱る

他人を傷つけたときや、自分自身を傷つけようとしているときは、毅然とした態度で叱らねばなりません。言葉とともに、教師の父性を大いに発揮しましょう。表情、態度、目に見えるもの全てで表現します。

このケースの考え方

このとき、叱りの度合いをどう高めていくのかに気を付けなければなりません。**徐々にボルテージを高めるようにすると、子どもに耐性ができてしまいます。**教師の怒り口調に「慣れ」てしまうわけです。そうすると、想定していたよりも、厳しく叱らねばならない事態となってしまうことがあります。

厳しく叱責する場合は、はじめからボルテージを高めておくのが望ましいでしょう。「パッと叱り、短く終える」を意識しましょう。

そうすれば、必要以上に厳しく叱らなくても済みます。

ただし、厳しい叱責は、子どもに不満を抱かせることもあり得えます。

「もしかして、先生はぼくのことが嫌いなのかな」などと勘違いさせてしまうことも考えられます。厳しく叱りつつ、「なぜ叱っているのか」の理由もわかりやすく伝えられるようにしましょう。

AFTER

［授業中］

アハハ。ばかみたい！　死ねよ。

今、なんと言いましたか。**もう一度言ってみなさい！**　叱り言葉 怒責法

あ、いえ……

人が死ぬ、というのは、二度とは返ってこないということです。そこまでわかって言っているのですか？　叱り言葉 理詰め法

いや、そんな深い意味は……

その言葉、二度と使ってはいけませんよ。

ハイ。

○さんに、言うことは？

ごめんなさい……（いけないことを言っちゃったな……これから言わないようにしよう）

いいよ。

叱り言葉④

怒責法

怒責法の定義

怒りを込めて厳しく叱る

心身を傷つけてしまうような行為に対して、教師の気迫をもって対峙する方法です。子どもの発した言動についてふれ、それがいけない言動であることに気付かせます。できるだけ短い言葉で伝えられるようにしましょう。

怒責法の例

ははは、こんな簡単な問題でまちがうなんて。バカじゃねえの。

今の言葉、**自分が言われたとすれば、どう思うんだ!?**

えっ……

怒責法の仲間

・ダメ！
・それはどういう意味かな?!
・聞きまちがいかな?!
・何を考えているんだ！
・何をしている！
・詳しく教えてくれるかな？
・それでいいと思っているのか!?
・やめなさい！

叱り言葉⑤

理詰め法

テストは自分の力をはかるためにやっているのです。ズルいことをする人が1人でもいると正しい力がわからなくなります。
はい・・・
しまった。
いけないことをしたな・・・。

理詰め法の定義　叱っている理由を説明する

叱っていることの理由を、理論立てて説明します。子どもは意味のわからない叱責に対して反感を覚えるものです。「なぜ叱っているのか」「なぜいけないのか」を、はっきりと論理的に説明しましょう。

理詰め法の例

今、人のまちがいを笑いましたね。学校は、まちがうところです。**まちがいを重ねることで、より賢くなるのです。それとも、あなたは今までにまちがったことがないのかな？**

○くんにあやまりなさい。

ごめんなさい……

理詰め法の仲間

・どうしてこれをやる必要があると思う？
・〜のためにやっているんだよ。
・〜というよさがあるんだよ。
・それをやらなければ、〜になるんだよ。
・先生が怒っている理由を話します。
・なぜいけないのか。理由は３つあります。
・なぜここまで叱られるか考えてほしい。
・君がそれを続けると〜になる。

CASE 8

宿題をやってこないとき

BEFORE

○くん、宿題を出していないんじゃないの？

えー、そうだったかな。出したよ。

今チェックしたけど、出ていませんよ。

明日出しまーす。

昨日もそう言っていたけど、結局出さなかったじゃないか。

昨日のも、忘れてきました……

一体、どうするつもりなの？

明日全部持ってきます。

わかりました。気をつけなさいよ。

（よ〜し、明日になれば、先生も忘れるぞ……）

▼発想の転換ポイント

損する体験をさせる

このケースの考え方

このケースの子どもが忘れ物を繰り返してしまうのは、子どもにとって「得」に感じられるからです。そもそも、宿題に興味をもたせられればよいのですが、そういった話はここでは省略します。**「家に忘れた」という言い訳が、「損」する体験になるように設定する必要があります。**応用行動分析には、「過剰行動修正」という手法があります。自分が乱した状況を元通りにするだけでなく、それ以上に環境を修復・修正することを要求します。

例えば、子どもが紙くずを投げているところを見つけたとします。単純な指導をするときには、「それを拾って紙くず箱に捨てなさい」と言うことができるでしょう。

一方で、過剰修正法を行う場合には、このように言います。

「それを拾って紙屑箱に捨てなさい。それが終わったら、床に落ちている他の紙くずも全部拾って捨てなさい。」ほかにも、遅れてきた子どもに対して、「みんなに謝らせる」という方法などが考えられます。

宿題を「家に忘れた場合」についても、通常に忘れるよりも損する体験になるようにしてしまいます。そうすれば、改善が図られることでしょう。

AFTER

○くん、宿題を出していないんじゃないの？

えー、そうだったかな。出したよ。

今チェックしたけど、出ていませんよ。

明日出しまーす。（明日になったら、また忘れたって言えばいいや）

昨日もそう言っていたけど、結局出さなかったね。

昨日のも、忘れてきました……

宿題を、やらないということですね。まあ、いいのではないですか。君は、やらないということで。好きにするといいです。では、**あなたのお家の方にも、お伝えしておきましょう。**

叱り言葉 忠言法

えっ……やります。

無理しなくてもいいんだよ。

いえ、やります。明日から、きちんとやります！

叱り言葉 過剰修正法

では、**今からやりなさい**。

え？ あの、家で、やったんだけど……

もし君がお仕事をしている人だとしよう。大事な資料をお家に忘れてきてしまった。「資料は作ったけど、家に忘れました。明日持ってきます」というのは、許されるかな？

許されないです。

なんとかして準備しないといけないね。今日も、それと同じこと。なんとかしなさい。

はい……

それから、君は「家でやった」のだよね。その分は、明日必ず見てあげるから。それも、きちんと持ってきなさいよ。

えっ……（しまった。「やってない」って正直に言えばよかった……）

忠言法

忠言法の定義　ほかの人の了承を得ることを促す

手を抜いているところを、ほかの人にも知ってもらうように伝えます。本当に電話をかけたり、校長先生のところへ言いに行くのもよいでしょう。(その際は、事前に行くことを伝えておくとスムーズです)

忠言法の例

そっか。君は、やらないのか。わかった、やらなくていいよ。そのことは、**次の学年の先生にも、きちんと伝えておくからね。**

いえ！　きちんとやります！

忠言法の仲間

- お家の人に、学校へ来ていただこう。
- 学校中に知っておいてもらおう。
- 他の先生たちにも聞いてもらおう。
- 教室全員にも伝えておこう。
- 学年主任の先生にも言っておくよ。
- 中学校の先生にも伝えるよ。

過剰修正法

遊んでいて、お茶をこぼしてしまったのですね。拭きとりなさい。となりの子の机も一緒に拭きなさい。
分かりました・・・。
ええっ、そんなところも？あぁ、やってしまった。これから気をつけなきゃ・・・。

過剰修正法の定義　やった行動より大きく修正させる

望ましくない行動をとった前の状態よりも、よい状態になるように修正させます。やってしまったことについて、「プラスワン」してやり直させるのです。指示した後はきちんとやり遂げるまで見届けましょう。

過剰修正法の例

［ノートを雑に提出する］

○さん！　ノートを丁寧に出しなさい。**ほかの人の分も、整えておきなさい。**

はい……（しまった、きちんと出さなきゃダメだな……）

過剰修正法の仲間

・お箸をそろえて返却し直しなさい。そして、ほかのお箸もそろえなさい。
・傘立てを壊してしまったのですね。直しなさい。そして、元の場所へと戻しておきなさい。
・泥で壁を汚してしまったのですね。この壁一面をきれいにしなさい。
・ノートを忘れたのですね。この紙に書きなさい。帰ったら写しておきなさい。

CASE 9

遅刻が続くとき

BEFORE

○くん！　今日もまた遅刻か！

はい……

8時30分から授業が始まる。これが、学校の決まりなんだ。ルールを守りなさい！

はい……

まったく、だらしのない人間だな、君は……

……(なにも、そこまで言わなくていいのに。人の気も知らないで。どうせぼくは、ダメな人間なんだ。)

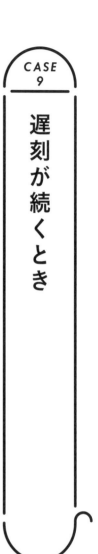

▼発想の転換ポイント

存在を認めて行動を叱る

このケースの考え方

このケースでは、子どもの心情に思いを寄せず、一方的に子どもを叱りつけています。子どもを「だらしのない人間」とまで罵っています。**不要な叱責は心的外傷を招き、それは一生に渡って続くこともあります。十分に注意を払わねばなりません。**

叱りの内容には、「結果」「行動」「存在」の3つがあります。

例えば、テストで30点をとってしまったときを考えてみましょう。

「結果」①**「30点という結果はダメだね」**

「行動」②**「勉強をしなかった行動がダメだね」**

「存在」③**「30点しかとれない君の存在はダメだね」**

この中で、もっとも傷つくのはどれでしょうか？

言うまでもなく、③ですよね。30点しかとれないからといって、人間性まで悪いわけではありません。言い過ぎです。

子どもを叱るときは、人格を否定してはなりません。

その子どもの人格は認めつつ、①や②のようにして、結果や行動のみを叱るようにしましょう。

「君の存在は素晴らしい。でも、この行動はよくない」というように、あくまでも、子どもの存在を尊重するように言葉かけしていきましょう。

AFTER

○くん、最近どうした？　なにかあったのか？

え、いえ……

遅刻が続いているじゃないか。**君らしくないね。** 叱り言葉 落胆法

ちょっと、心配になったんだよ。 叱り言葉 大事法 もしかして、夜遅くまで、勉強をがんばっているのか？

はい。塾の宿題が多くて、つい……

そうか。塾の勉強を、がんばってるんだな。でも、無理はよくないぞ。

はい。

まずは、規則正しい生活が大切だ。勉強も大切だけど、生活リズムを整えよう。

はい。

それに、教室のみんなも、授業中に遅れて入って来られると、気が散って困るんだ。

みんなのためにも、早く来てくれないか。 叱り言葉 依願法

はい……

明日からはどうする?

今夜は、早めに寝るようにして、明日は遅れないようにします。（先生は、ぼくのことを心配してくれている。そうだ、がんばってみよう……!）

叱り言葉⑧

大事法

大事法の定義　大切に思う気持ちを全面に押し出す

教師が子どもに対して大切に思っている気持ちを強く押し出します。叱る言葉とともに、子どもへの期待感を感じさせるようにします。そうすることで、子どもの成長を願っている気持ちを伝えるのです。

大事法の例

音楽の時間に、きちんと授業を受けていないんだって？

俺だけじゃないよ。

君だけじゃないことは、もちろんわかってる。ほかのメンバーにも、あとで話す。これは、**クラスのためというよりも、君のために言ってるんだ。**

うん……

大事法の仲間

- できない人に、先生は言わない。
- 大人になったとき困らないために言ってるんだ。
- 君だけに話しておきたいことがあるんだ。
- 君の人生にプラスになるようにしよう。
- 君が大切だから言うんだよ。

依頼法

さっきの授業、おしゃべりが過ぎていたね。
このままだと困るんだ。
すみません・・・。
いつもがんばってるAくんなら、集中して受けられると思うんだ。
お願いするよ。
はい。(これからは気をつけよう。)

依頼法の定義　子どもを立てつつ、お願いする

子どもを立てながら、お願いするように望ましい行動へ変化するよう伝えます。子どもにも、考えや思いがあります。望ましくない行動であったとしても、何らかの意図があります。自尊心を大切にしつつ、態度を改めるようにお願いします。

依頼法の例

相談があるんだけど。いいかな。

はい。なんですか？

君が班長だろう？　君の班、活動が進んでいないんだ。**君が、どんどん引っ張っていってくれないか？　よろしく頼むよ。**

依頼法の仲間

・できる君だからあえて言うよ。
・お願いがあるんだけど、聞いてくれるかな？
・あなただからこそお願いしたい。
・あなたしかできないことがあるんだ。
・君を信じているからこそ言うよ。
・先生の頼みを聞いてくれるかな。

落胆法

落胆法の定義　**子どもに失望の気持ちを伝える**

教師が失望している気持ちを伝えます。「信じていたのに裏切られた」という文脈にします。そうすると、叱りつつも、日頃から子どものことを十分に信頼している気持ちが伝わります。

落胆法の例

先生、これはどうやって使うんですか？
さっき説明したよ。聞いておかないと。**めずらしいね、君らしくない。**
すみませんでした……もう一度説明してください。（しまった、きちんと聞くようにしなければ……）

落胆法の仲間

・あなたのよさが伝わらないよ。
・君の能力を正しくみてもらうためにも、気を付けような。
・頭のよい君が、こんなことをするなんて。
・あなたのよさがいかされていないことが悔しい。

コラム「ケンカ仲裁の立ち位置」

同じ教室の中で過ごしていると、どうしてもケンカが起こるものです。

教師は、ケンカの仲裁に入ります。仲裁に失敗してしまうと、こじらせてしまい、保護者や管理職をも巻き込み、大きな問題へと発展してしまう可能性があります。

仲裁の失敗例の多くは、「先生はぼくの気持ちをわかってくれない」という類のものです。加害者と被害者、どちらにも何らかの言い分があります。両者に寄り添える指導を心がけなければなりません。

ここで用いたいのが、「サイコドラマ」の手法です。サイコドラマとは、演劇の枠組みと技法を用いた心理療法です。サイコドラマでは、カウンセラーが座席の位置を変えながら、それぞれの立場で気持ちを伝えます。クライアントは共感されることにより安心感が得られます。これと同じように、ケンカの最中に、教師の立ち位置を変えるようにするのです。

寄り添う子どもの側に立つ。中立のときは間に立つ。こうすることにより、「A側」「B

側」「中立」の3者の立場からものを言うことができるようになります。

SCENE

「(A子)と(B男)のケンカ直後」(小学校低学年)

①被害者A子からの話の聞き取り

先生、B男に叩かれた。(泣きながら)

そうか、どこを叩かれたの?(A子示す)そこか。どうやって叩かれたの?

グーで、バーンって。

それは痛かったね。B男は、どうしてA子のことを叩いたんだろう?

わからない。

そうか。なんで叩いたのか、理由は知りたい?

うん。

どうしたらいいかな?

聞いてみる。

じゃあ後で、いっしょに聞いてみような。

②加害者B男からの聞き取り

さっき、A子がB男に叩かれたって言ってるけど、本当かな。

だってテストのとき、見てないのに、「こっち見ないで、アホ」って言ってきた。

そっか。アホって言われたんだね。どう思った？

腹が立った。

腹が立ったんだ。それで、叩いたんだね？

（頷く）

見てないのにアホとか言われたら、腹が立つよね。

でも、叩くことでA子にはB男が腹を立てていること、伝わったかな。

伝わってない。

どうすればよかったかな。

口で言えばよかった。

なんて言えばいい？

アホって言わないでって。

よし、じゃあそれを伝えようなな。

③向かい合わせて（教師2人の間に立つ）

じゃあ、A子。聞いてごらん。

なんで叩いたの？（教師A子の側へ移動）

いきなり叩かれたから、びっくりしたよね。

（頷く）

なんで叩いたんだろう。

……

B男、言って。

……（泣いてしまう）

［教師B男の側に立つ］

先生の言葉、繰り返して言ってみて。「アホって言われたから。」

アホって言われたから。……ぼくは、見てないもん。

「いやな気持ちになった。」

いやな気持ちになった。……もうアホって言わないで。

……

（教師2人の間に立つ）

A子は、気づかなかったよね。それでB男は怒ってたのだね。B男になんて言えばいいのかな。

ごめんね。

いいよ。

（教師A子の側へ移動）

でもA子も腹が立つよね。何も言われないで叩かれて。言っていいんだよ。

叩かれて痛かった。

痛かったなあ。何も言わずにいきなり叩くんだから。B男は、どうすればいい？

ごめんね。

いいよ。

（教師2人の間に立つ）

A子は、知らないうちに人を傷つけちゃってたね。B男は、

カッとなって、いきなり人を叩いちゃったんだね。
2人とも、これから気をつけることはなにかな。

いやなことを言わない。

うん。今回は、A子は、からかうつもりで言ったのだね。人のいやがる言葉で、人をからかったりするのは、してはいけないことだよ。絶対に繰り返してはいけないよ。B男は？

人を叩かない。

そうだね。口で言っていれば、解決できてたよね。暴力で問題をなんとかしようなんて、やっちゃいけない。力で人をおさえつけちゃいけない。これから似たようなことが起こったらどうする？

口で話す。

うん。口で話してわかってもらおう。それでもわかってもらえなかったら？

先生に言う。

うん。言いにおいで。ちゃんと力になるからね。2人とも言い残したことはない？

（2人とも頷く）

じゃあ、終わり！

このように教師は3つの場を移動しながら双方の話を聞きます。**3つの場に立つことで、被害者・加害者双方の気持ちに寄り添うことができます。**また、立ち位置を変えると、教師も気持ちを切り替えやすくなります。

子どもが言葉に詰まらせる様子を見せたので、教師の言葉を繰り返させることにより、言葉で表現する方法を教えるようにしました。この手法を使う場合は、個別での聞き取りのときに、どういった気持ちを相手に伝えたいのかを教師が把握しておく必要があります。

数日たってから、B男が話しかけてきました。

「あのね、さっき、C君にいやなこと言われた。でも、ちゃんと『そんなこと言わないで』って言えたよ」

満足そうな男の子の表情を見て、先日のケンカから一つ成長することができたのだと感じました。

言葉3

問いかけ言葉

問いかけ言葉とは？

これから先は、未知の時代がやって来ると言われています。ＡＩが発展し、シンギュラリティ（技術的特異点）も近いと言われています。ＡＩがＡＩを作り出すような世界が、やってくるかもしれないのです。そうなると、どんな問題が起こるかわかりません。未知の問題に対応できる力を養わなくてはなりません。**言われたことを、言われた通りにだけできればよいのではありません。考える力が必要です。**

では、どうすれば考える力を育てることができるのでしょうか。

そのカギは「問いかけ言葉」にあります。

問いかけ言葉とは、教師から子どもたちに投げかける質問の言葉です。

私たち教師は授業の中で、子どもたちに質問をします。

「ごんぎつねの心情が変化したのは、どこだろう？」というように。

質問をすることは、考えさせるためです。大切な事柄に、自ら気付かせるためです。優れた教師は、この効果を生活場面にも活用しています。


例えば、学級文庫が、乱れた状態で置かれているとしましょう。

「学級文庫がグチャグチャですよ。これだと困ります。きちんとしまいなさい。」

と叱ってしまえば、行動は正せますが、そこに子どもの考える余地はありません。

そこで、はじめはこのように問いかけます。


「学級文庫を見てみなさい。どうなっていますか？」

グチャグチャです。

どうすればいいですか？

片付けます。


次の機会では、こう問いかけます。


「学級文庫を見てみなさい。気付くことはないですか？」

グチャグチャになっています。

どうしますか?

片付けます。

さらに成長すれば、こう尋ねます。

「教室の中で、何か気になることはありませんか?」

学級文庫の棚が乱れていますので、片付けないといけないです。

そして最後には、教師が何も言わなくてもできるようになります。

子どもたちは、考えて行動できるようになるのです。

「問いかけ言葉」は、生活面のあらゆる場面に活用することができます。問いかけにより出される答えは、教師からの押し付けではありません。子どもが考えて出した答えです。

教師は、子どもが考えた意見が達成できるように、サポートをします。

さて、どうして「問いかけ」により子どもの考える力が育まれるのでしょうか。

ここで、その「気付き」が起こる仕組みをミクロレベルから考察します。

左の図は、A細胞が情報を発信して、B細胞の受容器がそれをキャッチする様子を表しています。このように近隣の細胞へ作用することを「パラクライン」と言います。ところが、A細胞から発信された情報は、自分自身にも作用していることがあります。これを「オートクライン」と言います。

Aさんは Bさんに話しながら自分自身にも話をしていることになります。

人は、会話の中で、自分の情報をアウトプットすることにより、はじめてその情報を正確に認識することができるのです。

問いかけ言葉を伝えると、答えが出るまでに時間がかかります。時にはじれったく感じられる時もあるかもしれません。しかし、問いかけることにより、子どもは、自ら考え、学びとり、行動を変えようと試みるようになります。

効果的な問いかけは、子どもの力を引き出し、学級の質を高めるのです。子どもの考える力を育てられるように、問いかけ言葉を効果的に使ってみましょう。

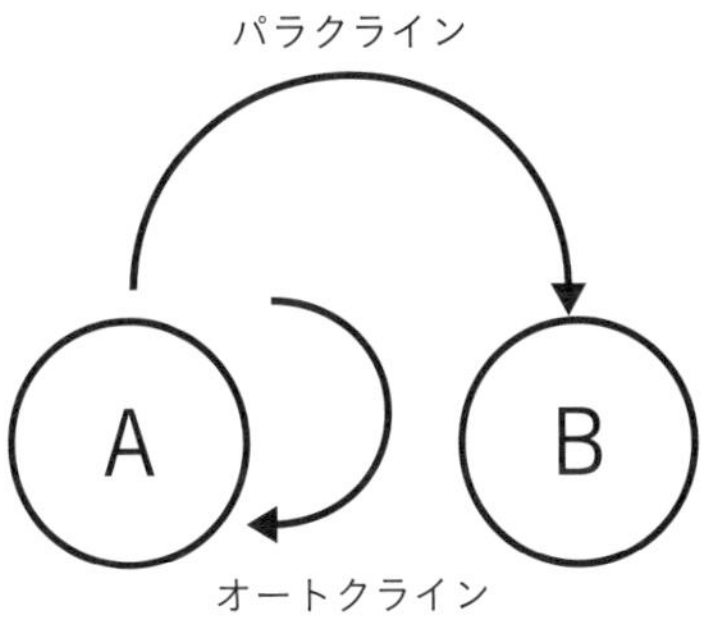

問いかけ言葉のポイント

教育とは英語でいうとeducation。語原はeducoであり、その意味は「引き出す」ということです。もともと教育は、人間の内にある能力を引き出すことに主眼がおかれていました。

ここから、問いかけ言葉で引き出すことについて考えていきましょう。

BEFORE

今日の全校朝礼の態度は、なんですかあれは！　うるさくて、しかたなかったです！

……

朝礼では、静かにするものでしょう!?　そんなこと、1年生でもわかりますよ!!

……

しゃべってしまった人、立ちなさい！

……

これだけじゃ、ないでしょう!?　立ちなさい!!

……(ああ、どうでもいい。まだまだ続くのか。はやく終わらないかなぁ)

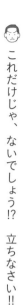

ヒステリックに伝えて、子どもが言うことを聞いたとしても、それは子どもの力を伸ばしたとは言えません。子どもを脅して言うことをきかせただけです。**子どもたちが考え、自ら行動を正すように働きかけてこそ、よい指導です。**子どもには、「なにがいけないのか」「どうしていけないのか」「次からどうするのか」などについて考えさせます。問いかけを効果的にするポイントを4つにまとめました。

①教師が言いたいことを子どもに言わせる

子どもが望ましくない行動をしてしまうとき、教師には、「言いたいこと」があるはずです。ですが、教師の口から伝えません。人は、人から言われたことに従うには、多少なりとも抵抗を感じるものです。しかし、**自分の言葉で発したことには、それなりに取り組もうとします。**子どもの口から言わせるために、逆算して、「問い」を作り出しましょう。

②書き残す

せっかくいい考えが出たとしても、次のタイミングで忘れてしまっては意味がありません。「みんなで話し合ったことは実行しなくともよい」と教えることにもなりかねないのです。**問いかけをして出た内容は、紙や黒板に書き残しておき、子どもの見えるところに書き留めておくことが望ましいです。**

③事後の行動を評価する

問いかけによって出された意見が実行されているかどうかを確認します。そして、**行動の変化がどの程度であったのかを評価します。**

④集団全体を「１つの人格を持った人間」として捉える

問いかけ言葉はコーチングの技法です。コーチングは、通常１人を対象として行われます。学級においては、１人ずつを相手にするのは難しいです。学級における問いかけでは、**学級集団を、１人の意思をもった人格のように扱い、やりとりします。**

AFTER

今日の朝礼の態度についてふりかえります。**自分で点数をつけてごらん。**5点満点です。

3点です。

さて、3点の人は、どうして満点じゃないのかな?

おしゃべりしてしまったからです。

うん。おしゃべりすると、どうしていけないの?

真剣に話をきいている人のじゃまになります。

そうだね。ほかには?

前で話をしている人に迷惑をかけてしまいます。

これから、気を付けることはなにかな?

朝礼でおしゃべりせずに、黙って聞けるようにします。

なるほどね。**忘れないようにするために、どうすればいいかな?**

画用紙に書いて、壁に貼っておくといいと思います。

書いておいてくれる人はいますか?

私が書いておきます!

ありがとう。**今度の朝礼のときには、その紙を確認してから行こうね。**

問いかけ言葉のレベルアップ「ゴールデンサークル理論」

問いかけにあたっては、教師があらかじめ自分なりの考えをつくっておくことが必要です。授業でも、教師自身が考えることなしに発問を投げかけることはないはずです。教師が熟考し、そのうえで子どもに問いを投げかけています。考えることなしに、子どもだけに考えさせるのは、無責任とも言えるでしょう。

さて、教師が「考える」にあたって、参考となる図があります。アメリカのサイモンシネック氏が提唱する「ゴールデンサークル理論」です。サイモンシネック氏は、人をやる気にする伝え方には、次の円が関係すると説明しています。多くの場合、指導者は、円の周りから考えることが多いものです。

音楽発表会で扱う歌を決める場合で考えてみましょう。

今年の音楽発表会では、この曲を扱おう。（WHAT）高音と低音のハーモニーを響かせられ

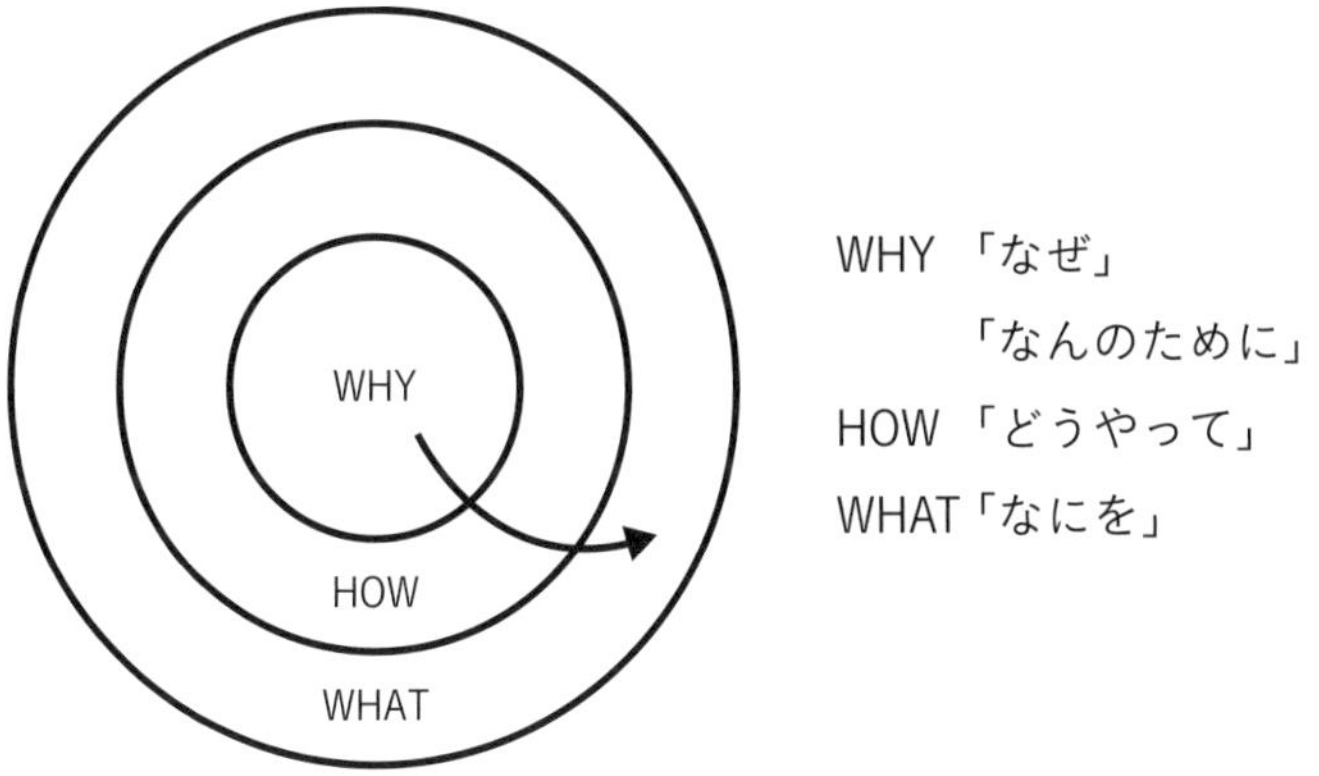

るようにしようか（HOW）」というように。しかしこれでは、（WHY）「なぜ」「なんのために」やるのかが不明瞭であり、これでは子どもをやる気にさせることは難しいのです。

人の心をやる気にさせるには、**円の中心から考えることが大切です。**

「今年の音楽発表会では、子どもたちの協調性を高められるようにしたい。（WHY）そのために、高音と低音のハーモニーを響かせられるようにしたい。（HOW）そのために、この曲を扱うことにしよう（WHAT）」

これならば、目的が明らかであり、教師も子どももやる気をもって取り組むことができます。

このように、まずは、教師自身が活動自体について、WHY「なぜ」「なんのために」やるのかを考える必要があります。WHYがとても大切なのです。

しかしながら学校での活動は、WHYが考えられないことが多いです。
それは、次のように考えられることが原因ではないでしょうか。

「指導することに決まっているから」
「毎年やってるから」
「ほかのクラスもそうしているから」
「とにかく、そうするものだから」

教師がこのような意識でやっている限り、子どもたちもその程度の気持ちでしか動くことができないのです。
手順を確認しましょう。

①まずは目的（WHY）を決めます。
②目的が定まれば、どのように（HOW）やればよいのかを考えます。
③さらに、具体的になにを（WHAT）やるのかを考えます。
④これらを、一つずつ書き出していきます。

教師の思いつかないような考えは、子どもにもなかなか考えにくいものです。教師が自分自身に問いかけて、目的から活動までの流れをまとめてみます。よく考えたうえで、子どもに問いを投げかけられるようにしましょう。

問いかけ言葉のトレーニング
次の項目を、自分自身に問いかけてみましょう。

「WHY」

・この活動の目的はなんだろう？　・どこにたどり着けばよいのだろう？

・なんの力を付けたいのだろう？

「HOW」

・どうやればその目的は果たせるだろうか？　・どういう活動態度がふさわしいか？

・どうなれば達成できるだろうか？

「WHAT」

・なにをすればよいだろうか？　・なにができればよいだろうか？

・なにが適しているだろうか？

CASE 10

体育大会のダンス練習に意欲的でないとき

BEFORE

さあ、今日から体育大会に向けて、ダンスの練習を始めるよ。さあ、大きく広がって、さっそく練習を始めましょう！

はあ、面倒くさいな……

［体育大会の練習中］

真剣に練習しないか！　家の人も見に来ます。かっこわるいところを見せていいの？

……（別にやりたくないしな……）

やりたくないんだったら、外に出てなさい！　一生懸命にやっている人の迷惑です！

きちんとやりまーす……（ふん！　こんなダンス、どうだっていいんだよ！）

▼発想の転換ポイント

はじめに共通の目標を設定する

このケースの考え方

体育大会の練習などでは、時間がなく、あたふたと練習を開始してしまうことがあるものです。しかし、目標なき活動とは、「さあ、走り出してみよう。ゴールは特にないけど、全速力でね！」というのと同じです。**一生懸命やるためには「活動のゴール」となる目標を設定する必要があります。**

話し合い、目標が決まったところで、達成することのメリットに思いを馳せられるようにします。創造力をふくらませ、成功したときの感動を先に体感します。想像をもとにして、目標への思いをより堅固なものにしましょう。

目標を定められれば、方向性が決定されます。あとは、その後の活動において、行動が目標へ向かう道筋として逸脱していないかを、適宜確かめるようにします。

AFTER

今日からダンスの練習を始めます。さて、その前にみんなで考えてみよう。
なんのために体育大会でダンスをおどるのかな？

見てくれる人に、成長した姿を見てもらうためだと思います。

そうか、じゃあ、**どういうダンスになれば、成長したって思ってもらえるのかな。**

問いかけ言葉 選択法

①ダラダラとした、おもしろくないダンス
②ふつうくらいの、まあまあのダンス
③見ている人が感動できる、最高のダンス

どれがいいと思いますか？

③がいいです！

目を閉じて、最高のダンスができたところを想像してみよう。
……どういう楽しさがあるかな？ 問いかけ言葉 想像法

家の人が感動して泣いてくれるといいなと思いました。

下の学年の子たちが、憧れてくれるといいなと思います。

そのためには、1日1日の練習で、なにに気を付ければよいのかな。

気をぬかずに、真剣に練習することが大事だと思います。

一生懸命毎日の練習に取り組むことです。

じゃあ、そういうダンスをみんなでつくっていこう。みんながそのつもりなら、先生も全力で応援しますよ。

［体育大会の練習中にふざけている子がいる］

ふざけているようだけど、どうしたの？

え……（わ、まずい）

私たちの目標って、なにだったかな。 問いかけ言葉 ゴール法

感動できるダンスをやることです。

そうだね。みんなで、見ている人を感動させるようなダンスにしようって決めたよね。今の練習のやり方で、目標は達成できるのかな。

できないです……

どうする？　その目標、やめておく？

やります。やりたいです。

そうか。やるなら、本気でやろうよ。

はい。（きちんとやらなきゃ。自分たちで決めたことなんだから……）

問いかけ言葉①

ゴール法

ゴール法の定義　活動の目的を考える

活動の目的に着目させ、明確に決定させます。集団として向かうべき方向を決め、その方向に向かっているかを確認し、行動や態度の軌道修正を図ります。

ゴール法の例

なにができたら成功と言えるのかな。

みんなが、楽しいと感じられることです。

ゴール法の仲間

- 君は、どうなりたいの？
- いまの行動は、学級目標に合っていると思うかな。
- どうなったらいいと思う？
- みんなのゴールを決めよう。
- 君たちが学校に来ている目的はなにかな。
- どのレベルを目指す？
- なにと同じくらいのイメージでやるのですか。
- どんな結果がいいんだろう。

問いかけ言葉②

選択法

選択法の定義　選択肢の中から、ゴールを決定する

問題を解決するための策として、教師から2〜4程度の選択肢を提示します。その中から選択することにより、集団や個人の目標を決定します。

選択法の例

このままダメな自分でやっていくか。それとも、がんばる自分に変わるのか。どちらに進みたいのですか？

がんばる自分に変わろうと思います。

選択法の仲間

・3つの生き方があります。どのようにしたいのか、選びなさい。
・AとBがあります。どちらにしますか？
・つらいけど楽しい道か、楽だけどおもしろくない道。どちらにしますか？
・今、別れ道にいます。どちらに進みたいのか選びなさい。

想像法

どんな卒業式にしたい？
一生の思い出に残る卒業式にしたいです。
では、一生の思い出に残る卒業式ができたとしよう。想像してごらん。あなたはどんな気持ちになるかかな。
この学校で過ごしてよかった！

想像法の定義　成功した様子を想像させる

子どもたちに、成功した様子を想像させます。想像の中で、自分自身の思いや、周りの人の反応を感じとります。イメージから、成功体験への強い意欲を喚起させます。

想像法の例

うまくいけば、周りの人はなんて言うだろうか。

「よくやったね！」ってほめてくれると思います。

想像法の仲間

- 成功することで喜ぶ人は誰かな。
- 成功する気持ちを風船のように膨らませてみよう。
- これをすることによって、どんな力が付くのかな。
- もしもこれを毎日続けたら、どうなると思う？
- それができたとき、どんな気持ちになるかな。

CASE 11

窓が閉まったままになっているとき

BEFORE

［朝、教師が教室に入ってきて］

窓が閉まったままになっているよね。

はい。

窓が閉まったままだと、空気が入れ替わらないだろう。これだと、健康によくないんだよ。

（ふうん。……じゃあ、自分で開ければいいじゃないか）

気付いた人が開けてね。

（だれが開けるもんか。）

▼発想の転換ポイント

質問で課題に気付かせる

このケースの考え方

このケースでは、「気づいた人が開けてね」と伝えています。それも悪くはないのですが、「窓が閉まったままになっている」状態を、子どもに課題として捉えさせられるようにしたいところです。課題意識が子どもの中に醸成されるように、前述のオートクラインをここで起こします。現状の課題がなになのかを問いかけます。これには、答えは無数にあります。だからこそ、子どもたちも楽しみながら取り組むことができるのです。子どもたちは、質問されたことに対して、まちがい探しの答えを見つけ出すかのように考えます。

教師は、出てきた子どもの意見を詳しく掘り下げます。「それって、どういうこと?」というように、かみ砕いていきます。

これを、コーチングの言葉で「チャンクダウン」と言います。

このような質問を何度も繰り返していると、次第に自分たちで考えるようになります。先生から言われなくても、考えて行動できるようになることでしょう。

問いかけ言葉を通して、課題を見つけ、解決策を考える力を身に付けさせていきましょう。

AFTER

教室を見渡して、なにか気付くことはないですか。 問いかけ言葉 発見法

ゴミがいっぱい落ちています。

そうだね。困りますね。ほかにはなにがありますか？

……窓です。

もう少し詳しく言うと？ 問いかけ言葉 拡大法

窓が閉まったままになっています。

悪い空気を吸うことになります。

そうだね。だれがあければいいかな？

日直でいいんじゃないかな。

いや日直が休んだときにそれは困るよ。

気付いた人が開ければいいと思います。

なるほど。では、気付いた人が、サッと開けられるようにしましょうか。

ほかにはありますか？

［たくさん意見が出たあと］

では、1分間時間をとります。自分が気付いたことを、やってみましょう。

発見法

教室を見渡してごらん。
なにか気付いたことのある人。
黒板の日付が昨日の
ままになっています。
他にないかな・・・。

発見法の定義　課題を発見する

多くの課題がある場合に、発見を促します。様々な意見を出させ、一つずつ認めていくようにします。できるだけたくさんの考えを出させることにより、子どもの気付く力を養います。

発見法の例

今の活動の課題はなにでしょうか。

男女で協力できていませんでした。

そうですね。どうすればよりよい活動になるのか、考えてみましょう。

発見法の仲間

・教室で、なにか違和感を感じませんか？
・やり直しの理由がわかる人？
・ダメですね。ダメな原因がわかる人？
・ほかには？
・改善点はなにですか？
・気になることがある人？
・なにを変えればいいかな？
・どこに課題があるのかな？

拡大法

拡大法の定義　子どもの答えを詳しく掘り下げる

子どもから出た意見に対して、さらに詳細を問いかけます。子どもから出た意見の内容が抽象的であったり、不明瞭である場合に用いましょう。

拡大法の例

これからのクラスでは、お互いに支え合うことが、課題だと思います。

支え合う。**それを、もう少しくわしく説明できるかな。**

支え合うというのは、例えば、困っている子がいたら、声かけをすることです。

拡大法の仲間

- 具体的にいうと？
- ……というと？
- つまり、どうなればいいのかな？
- みんなにわかるように伝えてくれるかな？
- 例を挙げてみてくれるかな？
- 細かく教えてくれるかな？
- もう一言、説明を加えると？
- 一部を伝えて下さい。

CASE 12

教室でケガが多発するとき

BEFORE

最近、教室でのケガが多いですね。教室では、走ったり暴れたりしてあそぶことは禁止です。雨の日は、外に出られないので、安全に過ごすようにしなさいね。

はーい。

[休み時間]

あそぼうぜ！　わーい！

コラ！　さっき、言ったことでしょう！

▼発想の転換ポイント

原因に気付かせ、対策をまとめる

このケースの考え方

教室で、ケガがたくさん起こっている。それは子どもにもわかっています。しかし、「どうしてケガが起こっているのか」「どうすればケガを防ぐことができるのか」というところまで、考えを及ぼすことができていません。

そこで、問いかけることにより、問題の原因にまで考えさせていくようにします。**はじめは、たくさんの意見を出させます。そして、出た意見を1つに集約します。これを、コーチングの用語で「チャンクアップ」と言います。**様々な意見を広げたあと、そのままにするのではなく、1つの抽象的な考えに収束させるのです。

こうすることにより、バラバラに出されていた考えが、1つに統合させられます。全ての言葉を内包できるように決定しましょう。

そして、まとまった意見を、クラスの考えとして残しておきます。

このような一連の流れを、問題解決の方法として、子どもたちに定着させられるようにしましょう。

AFTER

最近、教室でのケガが多いですね。なにが原因だと思いますか？

問いかけ言葉 原因法

教室で、走り回っている人がいることだと思います。

そうだね。走っている人がいるね。ほかには？

廊下でボールをトントンついている人がいます。

うん。ほかには？

机の横に、たくさん物をひっかけている人がいます。

どうすればいいと思う？

教室では走らないようにします。

暴れている人がいたら、声をかけようと思います。

読書などして、落ちついて休み時間を過ごすようにするといいです。

みんなの考えをまとめると、どうなるかな。

問いかけ言葉 収束法

あぶないことをせず、お互いに声をかけ合いながら過ごすようにするとよいと思いました。

うん、そうだね。それを守っていこうね。

収束法

学級目標を考えましょう。
ケンカのないクラス！
楽しいことといっぱいのクラス！
たくさんの意見が出ました。すべてできるとすれば、どうなるかな？
「みんなが笑顔のクラス」だと思います！

収束法の定義　すべての意見を一つの言葉に収束させる

子どもたちに意見を出させます。たくさん出た意見を一つにまとめます。全ての言葉を内包するような言葉に収められるようにしましょう。

収束法の例

クラスの課題について、たくさんの意見が出ましたね。**出た意見をまとめると、どうなるだろう？**

まわりの人のことを考えて行動しなければいけない、ということになると思います。

収束法の仲間

・つまり、どうなる？
・全てできれば、どうなるかな？
・みんなの考えを合わせてみよう。
・一言でいうと、どういうことだろう。
・キーワードはなにかな？
・ワンフレーズにまとめてみると？
・どの意見が一番大きいかな？
・みんなの考えを合体させると？

原因法

遅れてきたことの、なにが問題なのですか。
みんなの大事な時間を奪ってしまったことです。
しまったなぁ、みんなに迷惑をかけたんだ・・・。

原因法の定義　問題の原因を考えさせる

問題の原因について、様々な考えをもたせます。原因を明らかにし、対処方法を考えさせるよう働きかけます。子どもは、「よくないこと」と漠然とわかっていても、それの問題点がわかっていないことがあります。具体的に落とし込むことにより、問題点を明確にします。

原因法の例

おしゃべりばかり続けていると、どう困るのかな。

自分たちの勉強する時間がなくなります。

原因法の仲間

- 誰が困るのかな？
- こうなった原因はなんだろう？
- どのような流れでこうなったのかな？
- きっかけは、なんだろう？
- なにが悪いのだと思う？
- なにを変えなくちゃいけないのかな？
- 始まりについて考えてみよう。
- どうしてやってはいけないのかな？

CASE 13

誰も手を挙げようとしないとき

BEFORE

さあ、音読できる人はいますか？

……

読みまちがえてもいいんだよ。

……

どうして手が挙がらないの？

……（まちがえたら恥ずかしいからだよ）

挑戦してみようよ！　ほら、まちがえてもいいからさ！

……（いや、無理！）

方法を考察する

このケースの考え方

このケースでは、子どもたちは「全く手を挙げる気がない」というわけではありません。しかし挙げない、挙げられないのです。「まちがうことへの恐怖感」などから、挑戦できずにいるのです。


子どもは、言葉では綺麗なことを言います。

しかし、その言葉に行動が伴わないことが多いものです。

そこで、**理想→現実の順で問いかけることにより、そのギャップに気付かせましょう。**

まずは、ゴール像を確認します。それから、自分自身を自己評価させる。

できていないことに気付かせたうえで、ゴールに進むための段取りを確認していきます。

AFTER

音読できる人は？

……

みなさん、考えてくださいね。6年生の終わり頃には、討論の授業があります。そこでは、自由に意見を発表し合います。さて、**みなさんはその時期までに、どれくらいの力を付けておきたいですか。**

レベル①なにもできない
レベル②音読できる
レベル③意見が言える
レベル④メモを見ながら討論ができる
レベル⑤メモを見ずに討論ができる

問いかけ言葉 数値化法

自分の目指したいレベルはどれですか。目指したいレベルで手を挙げましょう。

レベル④です。

レベル⑤です。

さて、それでは、今の自分のレベルはどれですか。

……レベル①です。

書いているものを読めないという人には、討論なんてとてもできたものではありませんね。**まず、なにができるようになればよいのですか。** 問いかけ言葉 段取り法

音読です。

自分で、どうするか決めなさい。 問いかけ言葉 反省法

……（そうか、やらなくちゃな……）

このままの自分でいいと思っている人？

……

変わろうと思う人？

（全員挙手）

では、音読する人？

ハイ。（全員が手を挙げる）

数値化法

数値化法の定義　自己評価で数値化・具体化する

活動について、できているか、できていないかは、ボヤッとしていて見えにくいものです。自己評価で点数にしたり、モノに例えたりすることで、現在の状態を具体的にイメージできるようにします。

数値化法の例

にわとり、ひよこ、卵。レベルでいうと、今みなさんはどの段階ですか？

まだ、ひよこです。

なにが足りないのかな？

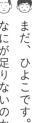

数値化法の仲間

・「よくできる」「できる」「がんばろう」今の自分に通知票をつけます。どれになりますか？
・理想を１００点としたら今は何点？
・［山の絵をかいて］ゴールは頂上。みなさんは、どこにいますか？
・自分のレベルを手の高さで表しましょう。

問いかけ言葉⑨

段取り法

段取り法の定義　段取りを確認する

目標や、やるべき方針が決まったら、その段取りを一つずつ確認していくようにします。「それから？」「その次は？」と、手順を踏んで進められるようにしていきます。

段取り法の例

このあとは、どうすればいいと思いますか？

できた人は、読書など、自分の席でできることをして待っていればいいと思います。

段取り法の仲間

- はじめにやることは？
- そのあとはどうする？
- どこまでできるかな？
- どうやってやるのかな？
- やることを順番に言ってみよう。
- いつまでにやればいい？
- だれに手伝ってもらう？
- 次は、なにをすればいいのかな。

問いかけ言葉⑩

反省法

反省法の定義　自分の行動を反省させる

反省の言葉を考えさせます。まちがいは誰にでもあります。これから同じまちがいを2度繰り返さないようにするために、なにができるかを考えさせましょう。

反省法の例

［クラスの花瓶を割って嘘をついていたとき］

もしも同じようなことが起こったら、どうする？

今度は、すぐ正直に先生へ言おうと思います。

反省法の仲間

・この学びを覚えておくためにどうすればいいかな？

・もう一度するとしたら、今度はどうする？

・やってしまった自分にかける言葉があるとすれば、なんだい？

・これからのことは、君がどうするか決めなさい。どうしますか？

・自分の行動のよくないところはなにかな？

コラム「嘘をつく子どもの対処法」

子どもは時々、嘘をつきます。見逃してしまうような小さな嘘から、学校問題に発展するような大きな嘘まで、様々です。その嘘により人を傷つけてしまうのであれば、すぐに改めさせなければいけません。

しかしながら、嘘を見抜く方法というものは、なかなか難しいものです。「本当はしたんだろう？」なんて一方的に詰問するのは、教育上やってはならないことです。

嘘を見抜くための方法はいたってシンプルです。「質問をすること」です。例えば、「友だちの鉛筆をとったけど『これは自分の鉛筆だ』と言い張る子がいた場合」で考えてみましょう。

SCENE

○さん、それはどこから持って来たの？

家から。おばあちゃんにもらったの。

いつもらったの？

えっと……4年くらい前。

どこで買ってもらったの？

ショッピングモールで。

ずっと家においていたの？

え……うん。

何かのお祝いで買ってもらったの？

ううん。おばあちゃんが弟のために買って、余っていたからぼくにくれました。

ん？　おばあちゃんは、弟のために買ったの？

うん。

あれ？　さっきの話とちがうね。どれくらい前？

その1年前くらい。

じゃあ5年前。まちがいない？

うん、まちがいない。

絶対に？

うん、絶対。

……変だなあ。この鉛筆は、キャラクター鉛筆の新作だよ。そんな前に製造されてないんだけどな。

え……

本当のことを言いなさい。

……とりました。

誘導尋問でない限り、「質問を重ねること」自体に問題はありません。できるだけ細かく聞いていきます。問題解決のために、正確な事情を知ることは必要だからです。保護者に連絡する際にも、詳細な情報は必要となります。

ただし、真実が明らかになるまでは、決めつけてはなりません。**ポイントは、「火星人になること」です。**まるで宇宙からやってきた火星人のような気分になって、不思議そうに質問を重ねるのがよいでしょう。

嘘には、どこか無理が生じます。特に、**整合性の合わない部分を深く掘り下げて聞いて**

いくようにします。小さな穴を見つけ、そこからこじ開けるようにして、真相解明へとつなげていきます。

教師の仕事は、嘘を暴くことではありません。警察でも、検察官でも、探偵でもないのです。嘘を暴いた後が大切です。嘘をつくことにより、どれだけの人が迷惑をこうむり、信頼を失い、自他を傷つけてしまうのか……それに気付かせねばなりません。嘘をきちんと見破ったうえで、子どもたちを正しい方向へと導けるようにしましょう。

また、教育的に必要だと判断できれば、「見逃す」ことも判断の1つとしておさえておきたいところです。

言葉4

はげまし言葉

はげまし言葉とは

子どもが悩んでいるときや、子どもが落ち込んでいるときに、うまくはげますことができているでしょうか。はげましが子どもに受け入れられないことも、きっとあるでしょう。左の例から考えてみましょう。

BEFORE

［音読発表会の前に子どもが泣いている］

どうしたの？　そんなに緊張しなくても、大丈夫だって！

……（大丈夫じゃないから泣いてるの！）

これまで練習してきたでしょう？　さあ、やってみようよ！

……（絶対無理！）

ここでは、よりよいはげまし方について考えていきます。

スポーツ大国アメリカでは「はげます技術」が確立しています。

極限レベルのスポーツ現場で競い合う選手たちが、体を鍛え、技を磨くように、監督やコーチは、選手の心に火をつけ、やる気にさせる言葉を磨いています。

本番直前の選手にどんな言葉をかけるのか、選手たちの立場にたって考えぬいた言葉を贈ります。

このはげます技術は、「ペップトーク」と呼ばれています。

ペップトークとは、たった1分で相手のやる気に火をつける話術として、監督やコーチが試合前に選手たちの士気を高めるためにかける言葉です。

コーチングの技術として多くの企業が導入し、主にリーダーがチームや部下のやる気を引き出すスキルとして発展してきています。

ペップトークは、4つのステップによって成り立っています。

4つの言葉を順にならべて話すことにより、はげまし言葉が完成します。

①受容（子どもの悩みを受け入れる）
②転換（子どもの思考を転換させる）
③行動（子どもの行動を促す）
④激励（子どもを激励する）

それでは具体的なやりとりを見ていきましょう。

AFTER

いま、とっても緊張しているんだよね。お家の人も見に来るし、今までの成果が出せるかどうか不安になってくるよね。**その気持ち、わかるよ。** 受容

……（そう、私は不安なの。よかった。先生はわかってくれてるんだ）

でも、それって、うまく発表したいって思うから、緊張しているんだよね。それは、よい姿を見てもらいたい、**成長したいっていう気持ちがある証拠だよね。** 転換

……うん。（そうなのかな？言われてみれば、そうかもしれないな）

思い出してごらん。
これまで、たくさん練習したよね。
その成果を、いま出してみようよ。 行動

……（確かに、たくさん練習してきたな……）

さあ、大きな声で、発表してみよう。**○さんならできるよ！** 激励

……ハイ！（……よし、やってみようかな！）

はげまし言葉のポイント

はげまそうとしているのに、むしろプレッシャーを与えてしまったり、やる気を削ってしまったり……。はげまし言葉は子どもの状態がよくないときにかけることが多いので、よく考えて伝えねばなりません。左の失敗例を見てみましょう。

BEFORE

［なわとび大会の直前に］

絶対に失敗するんじゃないよ！

（うう、失敗したらどうしよう……）

（しまった、言い過ぎたかな……）失敗するのが、こわいよね。でも、大丈夫。君は今まで一生懸命いろいろなことにがんばってきたし、ほら、九九だって、あきらめずに練習したからできるようになったでしょう。今はつらいかもしれないけど、努力は必ず報われ

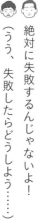

る。ああ、今すぐってわけではないかもしれない。成果がでるのは、明日かもしれない。それでもね……

（……先生は、なにが言いたいのかな。よくわからない。よけいに不安になってきた……）

とにかく、君の努力で、学校全体に上昇気流を巻き起こすんだ！

……？（なにそれ？　なにを言ってるの？）

がんばり屋さんの君なら、できる！

……（ぼく、がんばり屋じゃないもん！　もういい！）

はげまし言葉は、次の４つのポイントをおさえて使うようにしましょう。

①ポジティブな言葉を使う

人間の脳は、マイナス言葉を変換できないと言われています。例えば「手のひらの上で踊っている水色のゾウを想像しないでください」と言われたら……、想像してしまいますよね。これと同じで、**「失敗するな」と言われれば、失敗の画像を脳裏に描いてしまいます。**だからこそ、マイナスな言葉ではなく、プラスの言葉をかけるようにしましょう。

②短い言葉を使う

長々とした言葉には、不必要な言葉や、意味のない繰り返しの表現が多くなりがちです。また、言葉を聴くことに多くの集中力を使ってしまうデメリットもあります。**短い言葉は、相手にスッと入っていきます。**話す際には言葉を選ぶ必要があるのです。

③わかりやすい言葉を使う

緊張していたり、不安になっていたりするときに、わかりづらい言葉をかけると、せっかくのはげましのチャンスが意味不明なものになってしまいます。**子どもにわかる言葉を用いるようにしましょう。**

④子どもがもっとも言ってほしい言葉を伝える

子どもにとって、言われたい言葉があります。これを見極め、相手に投げかけるようにします。**表情、動作、子どもの性格などから、もっとも子どもが欲しがっているだろう言葉を考え、伝えられるようにします。**

AFTER

［なわとび大会前に］

いま、失敗したらどうしようって、不安に思っているんだよね。……でも、**大丈夫だよ。**

（……そうかな……）

努力は必ず報われる。朝早くから練習しているところ、先生は見てきたよ。もし失敗しても、仲間がきっとカバーしてくれる。

（そうだ。仲間もいるんだ。）

本気でやろう。**自分たちの力を１００％出し切ってみようよ！**

ハイ！（よし、やるぞ！）

はげまし言葉のレベルアップ「本気さを伝える」

BEFORE

[廊下で子どもが落ち込んで泣いている]

 君なら大丈夫だよ。君にもいいところがある。先生は味方だよ。

 ……(思ってもいないくせに……)

教師が本気で言っているかどうか、それとも口先だけなのか。子どもは感覚的に察知するものです。自分自身が子どもの頃のことを思い出すといいでしょう。自分が慕っていた先生は「本気」だったのではないでしょうか。そして、軽蔑する教師は「形だけ」であることが多かったのではないでしょうか。**子どもは大人以上に「本気かどうか」に敏感です。**表面だけの

言葉だけではげまされているのであれば、それは子どもにとって喜ばしいことではありません。自分を操作しているような、いやな感じを受け取ってしまうことでしょう。だから、**はげますときは本気さが大切です。**目で、表情で、動作で、本気ではげましているのが伝わるように心がけましょう。

はげまし言葉のトレーニング

- **はげまし言葉のメンターをつくる**
- **映画やドラマの名シーンを真似する**
- **はげましているところを録画、再生する**
- **子どもに伝えたい言葉を、鏡で練習する**
- **飼っている動物や、育てている植物をはげます**
- **家族をはげます**

AFTER

（子どものとなりに座りながら）辛いよね。その気持ち、わかるよ。

うん……

いつもがんばっている君なら大丈夫だよ。泣いてスッキリしたら教室に戻っておいで。

うん……（先生は本気で言ってくれてる。安心できるなあ……）

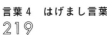

CASE 14

言いたいことを忘れてしまったとき

BEFORE

はい。この問題を○くん説明してくれるかな。

ハイ、えー……。

どうしたの？

……(言いたいことがわからなくなっちゃった)

そんなに緊張しなくても、大丈夫だよ！　さあ、言ってみよう！

……(どうしよう、頭が真っ白になっちゃった)

……まったくもう。黙ったままじゃ、なにが言いたいのかわからないでしょう。しょうがない。座りなさい。

……はい……(もう、発表なんてやるもんか！)

▼発想の転換点

子どもの思いを受け入れる

このケースの考え方

人は誰でも、緊張や不安を感じるものです。

私たち教師は、「子どもをなんとかしたい」「子どもの心を変えてあげたい」という気持ちから、結論を急いでしまいます。そして、子どものネガティブな感情に対して**「そんなことない！」などと、否定してしまいがちなのです。**

例に出てくる子どもは、立ち上がったのに、何を言うのかわからず、呆然としてしまっています。緊張が高まり、固まってしまっているのです。

そのような状態の子どもを追い込めば、二度と挑戦できなくなってしまうかもしれません。

子どもは、子どもなりに「なんとかしなくてはいけない」と思っているのです。なんとかしたいけど、不安が強くて、どうにもできずにいるのです。

だからまずは、不安な気持ちを受け入れてあげるようにしましょう。

子どもの感情に共感し、子どもの言葉をオウム返ししてあげましょう。

子どもが「むずかしい」といえば、「むずかしいよね」と返す。

「こわい」といえば、「こわいね」と返す。

同調することにより、安心感を生み出すのです。

さらに、動きを重ねるなどして、同じ気持ちであることを表していきます。

そうやって、子どもの感情を受け入れて、不安な気持ちに寄り添えるようにしましょう。

AFTER

……（言いたいことがわからなくなっちゃった）

……こうやって、みんなの前で発表するのって、緊張するよね。

はげまし言葉 受け止め法

……（そう、緊張するの……）

先生も、子どもの頃、言うこと忘れちゃったことがあるからさ。わかるよ。

はげまし言葉 例示法

……（先生も、あるんだ！）

忘れちゃったときは、「忘れたので、あとでまた言います」って言えばいいんだよ。

はげまし言葉 吐き出し法

忘れたので、あとでまた言います。

よく言えたね。それでいいよ。また思い出したら発表してみようね！

ハイ。（よし、またチャレンジしてみよう！）

はげまし言葉①

受け止め法

受け止め法の定義　子どもの気持ちを受け止める

子どもの心に同調します。子どもが「悲しい」と言えば「悲しいんだね」というように、事実をゆったりと受け止めます。子どもと同じ感情を感じているように、言葉を発してみましょう。

受け止め法の例

[学校に来ることが不安で泣いている]

 えーん。

 学校に来るのが、不安なんだよね。**誰でもそう感じるものだよ。**

 うん……(よかった、当たり前なんだ……)

受け止め法の仲間

・辛かったんだね。　・ご苦労様。　・それが当り前だよ。
・悲しいよね。　・お疲れ様。　・今ので、十分だよ。
・泣きたくもなるよね。　・あるある、そういうこと。

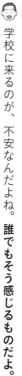

はげまし言葉②

吐き出し法

いきなりグーで
叩かれて・・・、
そういうときは
怒ってもいいんだよ。
そうか、怒ってもいいのか。

吐き出し法の定義　感情の出し方を伝える

「怒ってはいけない」「泣いてはいけない」など、子どもは感情を押し込めてしまっている場合があります。その生き方がクセとなり、お決まりの行動を繰り返してしまうのです。心のストッパーをはずし、感情を表現することを促します。

吐き出し法の例

 いま、悲しいんだよね。

 ……(うなずく)

 **そういうときは、泣いてもいいんだよ。**

吐き出し法の仲間

・こうやって言うといいんだよ。　・全部言ってごらん。　・叫んでもいいんだよ。

・先生のマネしてごらん。　・怒ってごらん！　・気持ちを吐きだしてごらん。

・まだ思っていることがあるんじゃない？　・○さんのように言ってもいいんだよ。

例示法

例示法の定義　自分や他者の体験を例に挙げる

自分や他者の似たような失敗例を伝えることにより、安心感を生み出します。子どもは他者の例を知ることにより「自分だけじゃないんだ」と感じることができます。教師は「失敗した例」のストックをもっておくことが望ましいでしょう。

例示法の例

昔ね、**同じような失敗をした子がいたんだよ。**

えっ、私以外にもいるんだ……！

例示法の仲間

・ほかの学校の子どものことだけどね。
・先生の家族も似たことをしていたよ。
・こんな偉人がいたんだ。
・先生の友達で同じ失敗をしている人がいたよ。
・こんな失敗をしたことがあるよ。
・同じ失敗をした人を見たことがあるよ。
・こんなお話があるよ。
・「さるも木から落ちる」ということわざがあるんだよ。

CASE 15

友達関係でうまくいかず、悩んでいるとき

BEFORE

［Aが廊下に座って泣いている］

どうしたの？

友だちとケンカばっかりしてしまって……ぼくなんて、いいところがないから……

そうか、辛い思いをしてるんだね……

ぼくは、みんなみたいに得意なこともないし。これから先も友だちなんてできないよ……

自信をなくしてるんだね……

もう、やる気がなくなっちゃった。

そういう気分のときって、あるよね……つらいよねぇ……

……（先生と話していると、なんだかますます落ち込んでくるなあ……）

▼発想の転換ポイント

表裏をひっくり返し、あるものを承認する

このケースの考え方

これは、寄り添う気持ちを発揮させ過ぎて陥りがちな失敗例と言えます。前述の通り、子どもの心に寄り添えば子どもは安心します。ただし、**いつまでも長く寄り添い続けると、ますます落ちこませてしまうことがあるのです。**

ある程度受容したところで、思考を転換させる言葉かけを働きかけます。マイナスに捉えている感情を、プラスへと転じさせるのです。ディズニー映画には、耳の大きなゾウが出てくる「ダンボ」という物語があります。ダンボは、自分の耳が大きいのが恥ずかしくて、コンプレックスを感じていました。でも、ネズミのティモシーが「そんなに大きな耳なら、空も飛べるんじゃないか」とはげますことで勇気づけられます。ダンボは大きな耳を使い、本当に空を飛べるようになるというお話です。

このティモシーの言動こそ、見方を転換させるためのコツなのだと言えます。**子どもが不安に思っていることや、コンプレックスを感じていることについて、視点を変えてあげるように**

しましょう。それだけで、子どもは救われたような気持ちになることでしょう。

AFTER

［Aが廊下で泣いている］

どうした？

友だちとケンカばっかりしてしまって……私なんて、いいところがないから……

そうか、辛い思いをしてるんだね……

これから先も、友だちなんてできないよ……

Aには、友だちが1人もいない？ はげまし言葉 気付き法

ううん。ちがうクラスにはいる。

じゃあ、誰とも仲良くなれないってことはないよね。

うん……そうなんだけど。

今、すごく悲しい気持ちをしていると思う。**それは、逆に言うと、もっと友だちと仲良くしたいって感じてるってことだよね。**どうでもいいと思ってるなら、悲しい気持ちも起こらないはずだよ。 はげまし言葉 視点かえ法

うん。仲良くしたい……

あなたにはね、人を思う気持ちがある。行動力もある。ほら、この間も、みんなのために、ノートを配ってくれていたでしょう。

でも、みんなみたいに、得意なことがなにもないから……

だからこそ、いいんじゃないか。 はげまし言葉 再否定法 なにもかも得意な人には、苦手な人の気持ちなんてわからない。でも、あなたには、それがわかる。友だちができない、得意なことがない、そう思って辛く感じている今、あなたはますます優しい心を身に付けているんだよ。今は、友だちができてないかもしれない。でも、過去にはできてるんだ。今、成長もしている。時間がかかっているだけで、きっとこれからたくさんの友だちができるよ。

そっか……(なんだか、元気が出てきたな)

もう少し、泣いていていいよ。元気になったら、教室に戻っておいで。

ハイ!

はげまし言葉④

視点かえ法

視点かえ法の定義

コインの表裏をひっくり返すように捉え方を変える

コインには、必ず表と裏が存在します。１つの物事でも、表が上になっているか、裏が上になっているかで見え方がちがうということがあります。それと同様に、今現在がピンチな状態でも、「裏を返してみたら実はこうだ」と発想を切り替えることができるのです。

視点かえ法の例

昨日、緊張して眠れなくて……

昨日眠れなかったんだね。それは、本気でやろうとしている証拠だよ。

そうか……そうですね。

視点かえ法の仲間

・言いかえると、〜ってことだね。
・これは、〜のチャンスでもあるよね。
・それは、〜の証拠だよ。
・下がるだけは下がった。ここからは、上がるだけだね。
・それって、〜とも考えられるんじゃない。
・裏を返せば、〜だよね。

はげまし言葉⑤

気付き法

気付き法の定義　「今あるもの」に目を向けさせる

「ないもの」に注目すると、余計に不安感が増してしまいます。パズルで言えば、欠けたピースを探し続けるようなものです。そうではなく、「今あるもの」「できていること」を見つけられるようには働きかけます。

気付き法の例

音読発表会、うまくいくかな。自信ないな……

毎日練習するっていう努力を、これまでにやってきたよね。

うん。（そういえば、がんばってきたな……）

毎日続けるということは、簡単にできることじゃないんだよ。自分に自信をもって！

気付き法の仲間

・あなたには、〜があるんだよ。
・あなたの〜なところを輝かせてみようよ。
・実は君は〜なんだよ。
・とはいえ、〜だよね。
・あなたは気が付いていないようだけど、
・君には〜の才能がある。

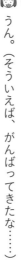

はげまし言葉⑥

再否定法

再否定法の定義　子どもの謙遜を、さらに否定する

リフレーミングの言葉を投げかけると、子どもが否定してくることがあります。それをさらに否定することにより、説得力をもたせます。子どもの否定の気持ちを上回ることができるよう熱量をもって伝えましょう。

再否定法の例

それは、君が成長したいって思ってる証拠だよ。

でも、ぜんぜん成績が上がらなくて……

そんなことはない！　点数は変わらないかもしれないけど、ちがうテストになれば、結果はわからないよ。

再否定法の仲間

・それでも大丈夫。
・その気持ちが大事なんだよ。
・それはおかしいよ。
・なにを言ってるんだ。
・君はそう思うだろうが、私はちがうと思う。
・それが、いいんじゃないか。
・それこそ本物だ。

CASE 16

受験を不安に感じているとき

BEFORE

［試験間近で］

○くん。学校に来ていたんだね。いよいよ明日が試験当日か。

はい……

大丈夫。合格できる！　あなたなら、絶対できる！

はあ……（その期待がプレッシャーなんだよ。不安だ……）

▼発想の転換ポイント

結果ではなく、行動を促す

このケースの考え方

この例で言うと「合格できる」と言われても、具体的に何をすればいいのかがわからず、受け入れがたいものになってしまいます。

「結果」のみに注目すると、何をどうすればいいかわからないことがあるのです。

したがって、はげます言葉としては弱いものになることがあります。

そこで、結果ではなく、具体的な行動を促してみましょう。

例えば、サッカーの試合の場合であれば、「前回は3点決められたんだよね。今回は、4点決めにいこう!」という言葉かけが考えられます。

英単語の暗記ができなくて困っている子どもには、まずは、「5文字だけ覚えてみよう!」とします。

漢字が覚えられない子どもには「まずは読み方から覚えてみよう」とします。

「そんな簡単なことでいいのか」と思えるような、達成できそうな行動を伝えることが望ましいでしょう。

何をすればよいのかイメージの湧く具体的な言葉かけであれば、意欲を高めることができるようになるのです。

できるだけ肯定的な言葉を用いて、具体的な行動を例示しましょう。

これによって、子どもはやるべきことが明らかになり、意欲をもって前に進むことができるようになるのです。

AFTER

○くん。あら、学校に来てたの。いよいよ明日が試験当日ね。

はい……

これまでしっかりと準備してきたよね。**明日は、わかる問題から、きちんと解ききっていこう！　いつも通りやれば、大丈夫だよ。**

はげまし言葉 勧誘法

はい……（そうだな。やれることをやろう。）

君なら大丈夫！　きっとうまくいくよ。

はげまし言葉 肯定法

はい！（よし、がんばろう！）

勧誘法

漢字テストの点数を上げたいんだね。
だったらまずは、苦手な字の練習だね。
できることから、やってみよう！
はい！
よし、やってみよう！

勧誘法の定義　前向きに行動する気持ちをもたせる

具体的な行動を投げかけ、「できる気持ち」をもたせます。子どもにとって実現可能な範囲の行動を提示します。子どもにとって易しくできそうなことを考え、提案してみましょう。

勧誘法の例

失敗してもいいんだよ。**さあ、一緒にやってみよう！**

うん！

勧誘法の仲間

・小さなことから、始めてみよう！
・いつかよかったと思える道にいこう！
・楽しいことをしよう！
・一歩、なにか動き出してみよう。
・ほんの少しでいい。やってみよう。
・たった1つでいいから考えてみよう。
・○○だけでもできるといいよね。
・ちょっとだけ、力を出してみよう。

はげまし言葉⑧

肯定法

肯定法の定義　肯定的な言葉で自信をもたせる

やる気の出る言葉を短く伝え、子どもに自信をもたせるようにします。語尾を強くして、本気で応援する気持ちを込めます。前向きな言葉で、明るく元気に伝えましょう。

肯定法の例

 **大丈夫！** ここまでのがんばりを、思い出して！

 うん！　やってみる！

 そう、その調子！

肯定法の仲間

- 絶対できる！
- きっとやれる！
- かっこいいよ！
- さあ、行こう！
- うまくいくよ！
- 君ならできる！
- 信じてるよ！
- 自分を信じて！

CASE 17

部活動の試合をひかえているとき

BEFORE

いよいよ、明日が部活動の試合本番だね。がんばって!

はい!

また結果がどうなったか教えてよ。うまくいくといいね。

えっ……(そんな、なんて他人事なの……)

▼発想の転換ポイント

最後に一押し、応援する気持ちを伝える

このケースの考え方

行動まで呼びかけることができたなら、最後のもう一押しです。「そうだ、できるんだ！」という前向きな気持ちをもたせましょう。「先生は味方」だと感じさせ、安心して力を発揮できるように働きかけます。また、子どもは体や心に力が入り過ぎているのかもしれません。緊張の気持ちがほぐれていないことも考えられます。**リラックスできるように、脱力できるような優しい言葉を伝えましょう。**

ここに長い言葉は必要ありません。できるだけ短く、子どもに伝わりやすい言葉で、背中をポンと押し出してあげるように、「最後のもう一言」を添えてあげましょう。

AFTER

 いよいよ、明日が試合本番だね。がんばって！

 はい！

 **先生は、応援しているよ！** 自信もっていこう！ はげまし言葉 応援法

 うん！（わっ先生も応援してくれてるんだ。）

 なるようになるよ。**楽しんでいこうね！** はげまし言葉 脱力法

 はい！（そうだ、楽しむ気持ちでがんばろう！）

はげまし言葉⑨

応援法

応援法の定義　応援している気持ちを伝える

応援している言葉を投げかけます。はげまし言葉の締めくくりとして、強い応援の言葉を送り、一歩を踏み出せるように促します。

応援法の例

自分を信じてみよう！

うん！

結果はどうあれ、先生は君の味方だよ。

応援法の仲間

・そばにいるよ。

・がんばって！

・明日はできるといいね！

・ファイト！

・フレー！　フレー！

・全力でいこう！

・力を出し切ろうよ！

・いけー！

はげまし言葉⑩

脱力法

脱力法の定義　子どもを脱力させ、前向きな気持ちをもたせる

やる気をもったものの、まだ心の緊張がほぐれていない場合があります。心を解きほぐし、柔らかい気持ちで取り組めるように促します。

脱力法の例

 **まちがえてもいいんだよ。**

 うん！（そうだ、堂々とやろう！）

 落ちついてやろうね。

脱力法の仲間

- ゆっくりでいいからね。
- なるようになるよ。
- 無理しないでね。
- 楽にやろうよ。
- 力をぬいて。
- リラックスして。
- 心をほぐして。
- いつも通りにやろう！

コラム「リフレーミング一覧」

コインに裏表があるように、1つの性格には2つの捉え方があります。すなわち、**短所は長所でもあり得るのです。** 短所の面から見るのではなく、それを長所として捉え、はげましていくようにすれば、能力はどんどん伸びていきます。

例えば、神経質な人がいたとします。「神経質」という捉え方は、短所から見ています。しかし、それは「細かいことが得意」と変換してみることもできます。このように、マイナスなイメージの言葉を、すべてプラスに置き換えて伝えてみましょう。

まずは、練習として、自分の短所を書き出してみます。それを、プラスの面から捉えてみます。やってみると、少し勇気がわいてくるのを感じられることでしょう。

相手の視点、モノの見方を変えるような技術を「リフレーミング」と呼びます。フレームとは「枠組み」の意をあらわす言葉で、思考の枠組みを取り替えてしまうのが、「リフレーミング」です。子どもが悪いフレームをもっている場合、それをよいフレームに取り替えてあげましょう。

【リフレーミング一覧】

神経質↓細かいことが得意
すぐに走り出す↓行動力がある
わがまま↓信念がある
気が短い↓瞬発力がある
大ざっぱ↓おおらか
計画性がない↓臨機応変
ジッとできない↓意欲がある
頑固↓こだわりがある
頑固↓意志が強い
臆病↓慎重
ボーッとしてる↓おおらか
おとなしい↓人を立てる
おとなしい↓穏やか

まかせっきり↓人を信頼できる
しつこい↓ねばり強い
そそっかしい↓始めるのがはやい
理屈っぽい↓論理的
遅い↓丁寧
引きこもり↓学者肌
遠慮がない↓積極的
強引↓リーダーシップがある
不愛想↓クール
不愛想↓警戒心がある
飽きっぽい↓好奇心旺盛
サボりがち↓要領がいい
無口↓奥ゆかしい

落ち込みやすい↓感受性豊か
おしゃべり↓明るい
空気が読めない↓自分をもっている
せっかち↓仕事が早い
あきらめが悪い↓粘り強い
面白みがない↓真面目
すぐに怒る↓情熱的
あわてんぼう↓行動的
冷たい↓冷静
意見を言えない↓協調性が高い
いばる↓リーダーシップがある
変わっている↓個性的
断れない↓相手を尊重する

優柔不断↓慎重
乱暴↓たくましい
だらしない↓おおらか
調子に乗る↓ノリがいい
でしゃばり↓世話好き
ひとりぼっち↓自立している
口がきつい↓素直
外面がいい↓社交的
うらやましがり↓人を認められる
よく考えない↓行動派
いい加減↓寛大
地味↓素朴
ふざける↓周りを楽しませる

言葉5

挑発言葉

挑発言葉とは？

子どもを育てる言葉かけに、「挑発」ってどういうこと？と、読者の中には、そう思われている方も多いことでしょう。

挑発言葉と言えば、相手をからかうというか、マイナスのイメージをもたれている先生が多いかもしれません。

しかし、挑発言葉をうまく使えるようになれば、子どもの姿は劇的に変わります。

子どもは、あまのじゃくな性格をしているところがあります。

「やろう」と言えば「やりたくない」と言います。

反対に「やるな」と言えば「やります」と言うことがあります。

挑発言葉とは、この性質を利用した言葉かけです。

例えば、宿題を忘れてごまかす子どもに「もう、君は宿題をやってこなくてもいいですよ」と言えば、泣きながら「ごめんなさい。これからは、やって来ます」と言います。簡単にできそうな問題を「君たちには無理だろうねぇ」と言って挑発すれば、子どもたちは「いや、できるよ！」とムキになります。

このように、**あえてマイナスの言葉を用いることで、子どものプラスの反応を引き出すのです。**子どもの成長を願いながら、演技で挑発してみせるのです。

挑発言葉がうまく機能すれば、子どもの力は急激に上昇します。ただし使い方を誤れば、子どもの心を傷つけてしまう恐れもあります。挑発言葉を使用する以前に、子どもとの人間関係が必要となります。「ほめる」「しかる」がうまくいかない状態なのに、挑発言葉を使うのはタブーです。「そのままの意味」で受け取らせてしまう可能性があるからです。

言葉かけの熟練している教師でも、この「挑発言葉」まで使いこなす人は数少ないのです。挑発言葉は、言葉かけの上級テクニックとも言えます。使い慣れるまでには、十分に気を付けて使うようにしましょう。

挑発言葉のポイント

BEFORE

計算練習をしますよ。とても簡単な問題ですからね。

なんだ。簡単だなあ。先生、終わりました。

終わった人は、見直しをしていなさい。

はーい。(なんだか、おもしろくないなあ。)

挑発言葉を使うには、ポイントをおさえましょう。

①易しいことをむずかしく言う

簡単な問題を「むずかしいよ」と言います。子ども全員が知っていることを「みなさんは知らないと思いますが」と言い、そうすることで、できたときの達成感をもたせるのです。

②ひょうひょうとする

挑発言葉は、力がこもってはなりません。演技力が必要です。言葉の軽さが大切です。心はワクワクしながら、表情は大まじめにします。**とぼける感じで伝えるのがよいでしょう。**

③必ずほめ言葉で終える

「挑発」と「驚き」と「ほめ言葉」はワンセットです。最後にほめ言葉がなければ、ただの嫌みや皮肉になってしまいます。

「さすがに無理だよね」→**「できた！」**→**「えっ!?　できたの!?　すばらしい！」**

この定番の流れが、子どもの心に火をつけるのです。子どもの喜びを大きくしましょう。

AFTER

今日の問題は、とってもむずしいですよ。みんなには、まだ早いかな……

簡単だよ！　できました。

えっ!?　できたの!?　そんなわけないでしょう……

ふふふ。

ほ、本当だ……天才だなぁ……すばらしい！

挑発言葉のレベルアップ「演技力とユーモア」

挑発言葉を使うほど、子どもが前向きに挑戦する構図ができていきます。

教師には、演技力が求められます。

もともとユーモアの才覚のある人間には、そうむずかしいことではありません。

105ページでいうところの、「自由な子ども性」の部分が高いような性格です。

挑発とは、ある意味「ウソ」なのです。ウソをつき、子どもを発奮させ、状態を高めているのです。

小さなウソをついて人を笑わせたり、冗談を言って人を楽しませたりすることが得意であれば、簡単に本書の「挑発言葉」を使うことができるようになることでしょう。

しかしながら、生真面目な人には、これがむずかしいのです。

生真面目な人は、努力が必要です。

身近な人を笑わせたり、冗談を言ったりして、周りの人の気持ちを動かせるようになりましょう。体と心の「軽さ」を身に付けられるようにしましょう。

挑発言葉のトレーニング
次のワークに挑戦してみましょう。

- **指導案の中に挑発言葉を書いてみる**
- **鏡を見ながら練習する**
- **同僚に冗談を言う**
- **家族に冗談を言う**
- **1日1回、人を笑わせる**
- **お笑い番組を観る**
- **漫才コンビの「ボケ」をマネする**

CASE 18

問題を解く早さに差があるとき

BEFORE

この問題を10問解きましょう。

えー。先生。10問もやるの。

そう。簡単ですから、大丈夫です。

えー、多いなあ……

大丈夫だよ。そんなにむずかしくないし。

先生、できました。

少し待っていなさい。

はーい。（つまんないの……）

▼発想の転換ポイント

子どものあまのじゃく性を利用する

このケースの考え方

このケースでは、「簡単にできる」ことを、「簡単だ」と言っています。それは当たり前のことではありますが、子どもの心に火をつけるにあたっては適切ではありません。

子どもをやる気にするために、簡単にできることを、むずかしいと伝えてみましょう。子どもがクリアできるレベルを設定して、「これはできないでしょう」と否定してみせます。そうすれば、子どもは「挑戦してみよう」と考えるようになります。

例えば、植物の勉強をはじめるとき。

「君たちは、見たことがないと思うけどね……」

と言いながらタンポポを取り出します。

子どもは、「見たことがあるよ！」と叫ぶことでしょう。

このように、子どもにとって経験済みのことを、挑発しながら取り扱っていくようにします。

あるいは、「言いかけて止めてしまう」のもよいでしょう。子どもたちは、続きが気になり、「続きを聞かせて！」と継続を求めます。

このように、**とぼけたり、制止したりすることにより、子どもの注目を学びへと惹きつけます。**いずれも、授業はじめに効果的な言葉かけです。

AFTER

はい、それでは……あ、これは……**やめておこうかな。** 挑発言葉 言いかけ法

なになに？なんなの？

……やってみますか？

やってみる！

みなさんはもうやり方を忘れてしまったと思いますが、2けた×2けたの筆算です。

そんなの覚えてるよ！

プリントを配ります。5分間で、できるところまでやってみてください。10問ありますが、**まあたぶん、10問までできる人はいないだろうなあ。** 挑発言葉 とぼけ法

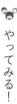

できるよ！

いや、君たちでも、さすがに10問は無理だと思うけどね。**やめておいたほうが、いいんじゃないかな。**

挑発言葉制止法

できる！　やってみる！

そう？　じゃあ、やってみよう。用意、はじめ。

……できました！

ええっ!?　信じられない。

私もできました!!

ええっ！　じゃあ、黒板に、11問目を書くから、できるところまでやってごらん。

11問目もできました！

すごっ！　早すぎる！

挑発言葉①

とぼけ法

とぼけ法の定義　子どもの知っていることやできることを否定的に提示する

子どもが知っていることやできることについて、全く知らないことであるかのようにとぼけた感じで説明します。子どもたちはムキになって「知ってるよ！」と反論することでしょう。そこで驚いてみせることにより子どもの自尊心をくすぐります。

とぼけ法の例

君たちには書けないと思いますが、漢字で「日」はこのように書くのです。

書けるよ！

とぼけ法の仲間

・君たちは、聞いたことがないと思いますが　・誰も知らないと思うので説明するよ。
・はじめて見るから、びっくりすると思うんだけど……
・こんなのやったことがないと思いますが……

挑発言葉②

制止法

制止法の定義　活動に取り組むことを、初めから制止する

子どもが取り組むことについて、あえて初めから制止してみせます。子どもは反発してチャレンジすることでしょう。一見むずかしそうで、実は簡単にできるような課題で用いましょう。

制止法の例

ぼく、ハリーポッターを読んでるんだ。

この本はむずかしいからね。そんなの、**読むのは無理じゃないの？**

読めるよ！　ほら、もう100ページ読んだよ！

ええっ、すごいね!!

制止法の仲間

・それは無理だよ。
・そんなわけないでしょう。
・できないと思うけどなあ。
・大人でもむずかしいんだよ。
・できるわけがないよ。
・この問題はやらなくていいですよ。中学生レベルです。

挑発言葉③

言いかけ法

言いかけ法の定義　言いかけてやめる

ある話の内容について、はじめの一言を話しかけたところでやめます。子どもたちは先が気になるので、集中して聞くようになります。大切なことを伝える際に、子どもの注意を引きつけるテクニックとして有効です。

言いかけ法の例

では……**いや、今日はやめておいたほうがいいかな。**

えっ！　どうして？　やってみたい！

……しかたないね。じゃあ、少しだけやってみようか。

言いかけ法の仲間

・実はね……いや、やめておこう。　・こんなこと言っても仕方ないよね

・なんでもないよ。　・だまっていたことがあるんだけど……いや、やっぱりやめた。

・聞かなかったことにしてね。　・みんなに言っても無駄だよね。

・見なかったことにしてね。

CASE 19

着替えるのが遅いとき

BEFORE

［給食当番が着替えて整列するとき］

給食を取りに行きます。着替えて並びましょう。

はい。（あー、着替えるの、面倒だな）

ねえ、昨日家でこんなことがあってさー……

遅いですよ！　どれだけ時間がかかるのですか！

だって、ほかの人も遅いし。（自分だけ急いだって、仕方ないじゃないか）

自分1人くらいって思うから、みんなが遅くなるのです！

（もう、いちいちうるさいな……）

▼発想の転換ポイント

乗り越えられる基準を、むずかしいものであるかのように設定する

このケースの考え方

このケースでは、整列するまでに時間がかかっています。ダラダラと準備して、早く準備できる子は待ち続けます。準備を進める際に、ありがちな問題です。

子どもがやる気にならないときには、ある共通点があります。

それは、「目標がない」ことです。

目標がなければ、なにをもって「できた」とするのかがわからないのです。

まずは、子どもたちの活動の目標となる基準ラインを設定します。

この場合であれば、目標は「時間」で設定します。

まずは、目標を子どもたちにとって実現可能な範囲で設定します。

そして、その評価がむずかしいものであるかのように伝えます。

さらに、「これぐらいできて当然」「〇年生は、ここまでできる」というようにして、**基準線が「挑戦したい」と思えるものになるように言葉かけを重ねていくようにするとよいでしょう。**

AFTER

［給食当番が着替えて整列するとき］

給食を取りに行きます。着替えて並びましょう。

はい。

実は昨日、着替えて整列するまでの時間を計っていたんだけどね。6分かかってたんだよ。**まあ、情けないね。** 挑発言葉 ため息法

……

3年生は、3分で着替えて出発しているらしいよ。**君たちは、4年生だね。何分で出発しますか？** 挑発言葉 基準法

2分50秒です。

当然、2年生よりは早くできると思いますが。 挑発言葉 当然法

へえ、1年間の成長が、たった10秒なんだね。ふうーん。

いや、2分でいきます！

2分は無理じゃないかな？

いや、できます！

そう。じゃあ、挑戦してみようか。タイマーで計るよ。用意、はじめ！

（なんとしてでも、2分以内に着替えよう！）

挑発言葉④

基準法

日本一のクラスは5秒で起立できるらしいよ。まあ、そんなの無理だよねぇ。やめておこうか。
やってみる！
絶対やってみせるぞ！

基準法の定義　子どもが到達できる範囲の基準をむずかしそうに示す

どの程度までできればいいのか、具体的な基準を示します。数値や例え話を提示して、向上心をくすぐる設定にします。基準点があることにより、そのボーダーを越えようと努力するようになるのです。

基準法の例

10問中、5問解ければ3年生だね。

6問できました！

4年生レベルだ！　すごいね！

基準法の仲間

・幼稚園児が、これぐらい。中学生はこれくらい。君たちは、どこを目指す？
・日本一のクラスは、ここまでできるらしいよ。
・換気扇の音が聞こえるくらいの静かさを目指そう。
・廊下に立っている先生に聞こえる声で読みましょう。

挑発言葉⑤

当然法

写真を撮りますよー。・・・はい、撮れました！
こうういうときは、「ありがとう」
というのがマナーですけどね。
しまった！
ありがとうございます！

当然法の定義　できていて当たり前のラインを示す

「これくらいできて当然」という状態を示します。基本の状態を示すことで、「きちんとやらなくては」と気持ちを引き締めさせます。力を込めて伝えると嫌味になってしまいます。言葉は軽くサラリと伝えます。

当然法の例

［いつまで経っても決まった係が前へ出てこないとき］

 ふつう、**係の人が前に立って、みんなに指示するものですがね。**

 あっ！（忘れてた！）みなさん、座ってください！

当然法の仲間

・10問とも正解できて当然ですが。
・もちろん、5行は書けていると思いますが。
・90点とれてふつうくらいです。
・全員手が挙がりますよね。昨日やりましたからね。
・みんなで確認しなくても、大丈夫ですね。
・（音読するとき）口に手が入るくらい開いていると思いますが。

挑発言葉⑥

ため息法

今日の感想が言える人は？
クラスの半分くらい、か。このクラスの発言力はその程度か。まったく、たいしたことないね。
くやしい！ 次はがんばろう！

ため息法の定義　教師のがっかりする気持ちを伝える

教師が残念がることにより、子どもたちの自発的なやる気を引き出すことをねらいます。教師と子どもとの信頼関係が強いほど、大きな効果を発揮します。皮肉の言葉を伝え、子どもの意欲を焚きつけていきます。

ため息法の例

帰りの準備が、できました！

はあ、惜しいねえ……

……？（あ、帽子をかぶってなかった！）

ため息法の仲間

- もうちょっとなんだけどなあ。
- たまたまじゃないの？
- 偶然だと思うけど。
- まあ、まぐれだろうね。
- 残念だよ……
- 悲しいねえ……
- なにを考えてるんだ……
- わかってないねえ……

CASE 20

音読の声が出ないとき

BEFORE

[音読しているとき]

音読の声が、出ていませんね。

……

もう少し、口を開いて、声を響かせるようにしましょう。

はあい。

もう一度、さんはい。

……ひろいうみのどこかに、ちいさなさかなのきょうだいたちが……

[活動後]

(ぜんぜん変わってないな……まあでもほめてあげなくちゃ)

ちょっとよくなってるよ！

（なんだ、この程度でいいのか。）

▼発想の転換ポイント

代表できる子だけで行動する

このケースの考え方

全体で行動していると、手をぬく子どもがあらわれます。**多い人数に紛れていれば、力を抜いてもバレないのです。**

綱引きを大人数で行うと、少人数で引くよりも、1人当たりの力は弱まってしまうのだと言われています。これを、「リンゲルマン効果」と言います。手を抜いている状態でほめてしまうと、「サボっていても大丈夫」と認識させてしまうかもしれません。

小さなサボりを見逃してはなりません。全体がたるんでいると感じられる場合は、**「代表し**

てできるか」を問いかけます。

あるいは、教師が代表者を指名します。

そして、その子どもだけで、活動をやらせてみます。代表の子どもだけが活動すると、活気あふれる行動が目に見えます。活動の理想形を、学級全体で共有することができます。やってみせた子どもは、教師や学級の仲間から認められ、自尊心が高まります。そして、見ている子どもは、「あんな風にがんばってみよう」と意欲が高まることでしょう。

理想的な活動のイメージをもたせ、学級全体の高まりを狙えるようにしましょう。

AFTER

[音読しているとき]

音読の声が、出ていませんね。音読している間に、先生から肩をタッチされた人？
その人は、立ちましょう。

挑発言葉 指名法

ハイ。

今立っている人は、はっきりと口を開いて読めていましたよ。では、読んでみてください。

ひろい、うみのどこかに！……（以下略）

すばらしいですね。

ほかにも、できる人はいますか？　**今、手を挙げている人は、立ちましょう。その人だけでやります。**　挑発言葉 代表法

ハイ！

［活動後］

すばらしい声です。座っている人たちは、今のような声で読めるように、がんばりましょうね！

（わあ、みんな、スゴイ……ぼくも、がんばらなくっちゃ！）

指名法

○○さん、1人であいさつしてみてください。
ハイ！ おはようございます！

君たちみんなの声とAさんの声。これが同じくらいだ。もう少しがんばってもらいたいねぇ。

むむっ・・・がんばるぞ！

指名法の定義　教師が指名した人だけで活動する

教師が指名した人のみで、活動をやってみせます。理想イメージを学級全体で共有します。
その子の行動のよいところを、全員でふりかえられるとなおよいでしょう。

指名法の例

今、背倒立しているときに、先生からタッチされた人？
その人だけでやってみてください。

ハイ！

指名法の仲間

・1号車だけでやります。
・2班、起立。そこだけでやります。
・男子、起立！　もう一度やってみてください。
・○さんと○くんと△さんだけでやります。

挑発言葉⑧

代表者法

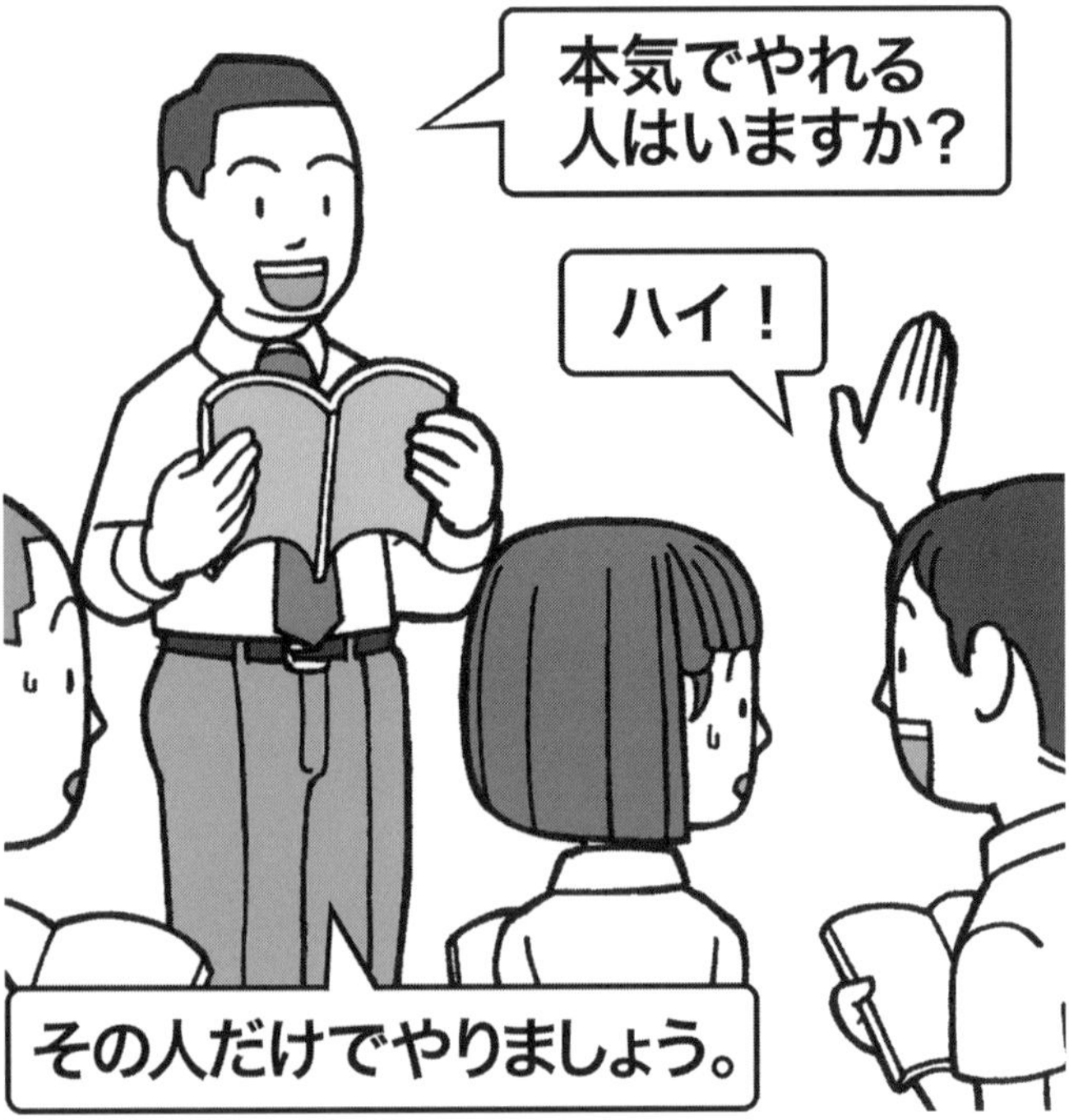
本気でやれる
人はいますか？
ハイ！
その人だけでやりましょう。

代表者法の定義　代表者に限定して活動をすすめる

代表者を募り、活動をやってみせます。代表者の動きを見ることにより、全体によいイメージが湧きます。そのイメージに近づけようとすることで、学級全体の高まりが生まれます。

代表者法の例

自分1人だけでもできるという人?

ハイ!

今、手を挙げている人だけでやります。

代表者法の仲間

・発表できる班は?
・できたと思う人は座りなさい。
・本気の人だけでやりましょう。
・やる気のある人、立ちましょう。
・完璧だと思う人、立ちなさい。
・やってみたい人?
・代表して言えるという人?
・自信のある人、立ちなさい。

CASE 21

意見が言えないとき

BEFORE

［映像を見終わったあとに］

さあ、これについて、意見がある人はいますか？

……

ちょっとむずかしかったかな？

……

みんな、緊張してるのかな。その気持ちはわかる。でも、がんばってみようよ。

……（よけいに挙げにくくなってきたな……）

さあ、失敗をおそれずに！

……（絶対無理！）

▼発想の転換ポイント

おもしろおかしく追い詰める

このケースの考え方

手を挙げることのできない原因は、教室の空気感の硬直が考えられます。子どもの力が発揮しづらいような、ぎこちない雰囲気が漂う場合は、おもしろおかしく、例えてみせ、空気をあたためるようにしましょう。ユーモアをふくみながら、伝えるべき指導をしていきます。

また、指導の際には長々と話し出すように見せかけて、サッと切り上げてしまうのもよいでしょう。「お説教か……」と、身構えていた子どもも、「ああ、終わった」とホッとします。**途中でやめれば、「ゼイガルニク効果」が起こります。「途中でやめたものは、記憶に残りやすい」という効果です。**

ドラマなどでは「続きはまた来週！」と、いいところで終わるので、続きが気になり、記憶に残りやすいのです。説教を途中で切り上げれば、ホッとしつつも、「なにがいけなかったのか」をじっくり考えさせることができます。

なお、おもしろおかしく伝えるときは、子どもたちが望ましくない行動を繰り返してしまうことが起こり得ます。おもしろおかしく伝えることが、子どもたちへの「報酬」となり、「強化」が起こってしまうのです。

　望ましくない行動が続いてしまう場合は、その行動を「無視」し、行動がおさまるのを待ちましょう。

AFTER

この問題がわかる人？

……

誰も手を挙げないということは、なにも書けていない人なのですね？

……書けてます。

ふうん。不思議ですね。そういう人は、**きっと家でもだれかに（親に）ご飯を食べさせてもらっているのですよね。**

挑発言葉 変な例え法

え、いいえ。

どうして食べさせてもらっていないのですか？

恥ずかしいからです。

そうですよね。できることをやらないことは、恥ずかしいことなのです。では、手を挙げて意見を言うのは、できないことですか？　できることですか？

できることです。

そうですよね。つまり、手を挙げないというのは、恥ずかしいことなのです。そういう人は、成長しようという気がないのでしょうかね、まったく……**まあ、小言はこの程度にしておきましょう。**

挑発言葉 きりあげ法　さ、もう一度聞きますよ。意見を発表できる人は？

（ホッ。お説教が終わった。そうだな。できることは、やらなくちゃ……）

変な例え法

イスを入れておかない人は、トイレの後におしりをふかない人と同じです。
えっ！おもしろい。・・・今度から気を付けよう！

変な例え法の定義　変なものに例えて注意する

変なものに例えることで、緊張していた雰囲気をほぐしつつ、注意を促します。どんな例にするのかは、普段から考えておくとスムーズです。指導したいことについて、「ほかのものに例えるなら、なにに似ているか」を想像してみましょう。

変な例え法の例

書道家がビックリするくらいの美しさで書きましょう。

先生、書けました！

変な例え法の仲間

・ゾウの泣き声くらい大きな声が出るかな。
・カブトムシが飛び出すくらいのスピードで。
・鉛筆から煙が出るくらいの速さで！
・君は、まさに崖から落ちる瞬間です。
・窓がビリビリするくらいの大きさで。
・カンガルーのパンチくらいの速さで！
・遅い。君たちは、牛です。

挑発言葉⑩

きりあげ法

まったく、だいたいねぇ、友だちのことを思いやるというのは、1年生にだってできること・・・うん、まあいいか。ここまでにしましょう。
ホッ。小言が終わった・・・。今度から気を付けよう！

きりあげ法の定義　お説教を途中でやめる

クドクド言おうとしている小言を、途中でフッと止めてしまいます。子どもは、続きが気になり、「どうすればよかったのか」を考えるようになります。

きりあげ法の例

廊下を走ってはダメ！　まったくもう、だいたいねえ……**いや、言い過ぎたな。さっき言ったことは、もう忘れてもいいよ。**

（ホッ。今度からは、廊下を走らないように気を付けよう）

きりあげ法の仲間

・ふつう、〜するけどね……まあいいや。
・常識的に考えれば、〜だけどね。まあいいか。
・これだから、〜は……あ、そうだ。
・これはね、ひっかけ問題だ……ああ、いや、なんでもないよ。ふつうの問題だけど、がんばってみよう。

言葉かけの技法確認

check

まずは既にできている技法について、Beforeの項目にチェックを入れます。できない技法に注目し、実践し、使うことができるようになれれば、Afterの項目にチェックを入れます。最終的にすべての技法を自在に使えるようになりましょう。

ほめ言葉

技法名	定義	頁	before	after
やり過ぎ法	子どもの言動を大げさに評価する	60		
驚き法	教師が驚いてみせる	62		
意見法	教師の意見を伝える	64		
ますます法	従来よりもよくなっている状態をほめる	70		
価値付け法	なぜ優れているのかを価値付ける	72		
お手本法	お手本になってもらい、優れている点を全体に気付かせる	78		
伝聞法	人から聞いたほめ言葉を、本人に伝える	80		
感謝法	感謝の気持ちを伝える	86		
尊敬法	尊敬の念を伝える	88		
うれしい例え法	子どものがんばりを、ほかのものに例えて表現する	90		

叱り言葉

技法名	定義	頁	before	after
無視法	子どもの望ましくない行動を無視する	116		
さっぱり否定法	言動を無表情で否定する	118		
取り上げ法	活動を取り上げる	120		
怒責法	怒りを込めて厳しく叱る	126		
理詰め法	叱っている理由を説明する	128		
忠言法	ほかの人の了承を得ることを促す	134		
過剰修正法	やった行動よりも大きく修正させる	136		
大事法	大切に思う気持ちを全面に押し出す	142		
依頼法	子どもを立てつつ、お願いする	144		
落胆法	子どもに失望の気持ちを伝える	146		

問いかけ言葉

技法名	定義	頁	before	after
ゴール法	活動の目的を考える	172		
選択法	選択肢の中から、ゴールを決定する	174		
想像法	成功した様子を想像させる	176		
発見法	課題を発見する	182		
拡大法	子どもの答えを詳しく掘り下げる	184		
収束法	すべての意見を１つの言葉に収束させる	190		
原因法	問題の原因を考えさせる	192		
数値化法	自己評価で数値化・具体化する	198		
段取り法	段取りを確認する	200		
反省法	自分の行動を反省させる	202		

はげまし言葉

技法名	定義	頁	before	after
受け止め法	子どもの気持ちを受け止める	224		
吐き出し法	感情の出し方を伝える	226		
例示法	自分や他者の体験を例に挙げる	228		
視点かえ法	コインの表裏をひっくり返すように捉え方を変える	234		
気付き法	「今あるもの」に目を向けさせる	236		
再否定法	子どもの謙遜を、さらに否定する	238		
勧誘法	前向きに行動する気持ちをもたせる	244		
肯定法	肯定的な言葉で自信をもたせる	246		
応援法	応援している気持ちを伝える	250		
脱力法	子どもを脱力させ、前向きな気持ちをもたせる	252		

挑発言葉

技法名	定義	頁	before	after
とぼけ法	子どもの知っていることやできることを否定的に提示する	268		
制止法	活動に取り組むことを、初めから制止する	270		
言いかけ法	言いかけてやめる	272		
基準法	子どもが到達できる範囲の基準をむずかしそうに示す	278		
当然法	できていて当たり前のラインを示す	280		
ため息法	教師のがっかりする気持ちを伝える	282		
指名法	教師が指名した人だけで活動する	288		
代表者法	代表者に限定して活動をすすめる	290		
変な例え法	変なものに例えて注意する	296		
きりあげ法	お説教を途中でやめる	298		

終わりに

人間の一生にとって、「子どもの時代」というのは、ごくわずかです。

そのわずかな期間は、多感です。この時期に、生きるための術を身に付けます。

教師の言葉によって、「自分はやればできるんだ」という希望ももつ子がいます。

「何をやってもダメなんだ」と一生傷つき続ける子もいます。

だから教師は、子どもにかける言葉について、細心の注意をはらわねばなりません。


私は日々、悩んでいました。

多くの場合、教室にいるのは、教師と子どもたちのみです。その言葉かけが「やりすぎ」であるかとか、真に効果のある言葉かけであったかどうかなんてことは、内省でしか確かめようがありません。

だからこそ、学ぶ必要があるのだと思いました。

技術として、会得しておかなければならないと考えました。

まずは、様々な言葉を集めました。

片っ端から「ほめ言葉」や「叱り言葉」を集めて、ノートにまとめて、用いるようにしてみました。

そこで気が付きました。

「言葉を変えたところで、それほど効果は変わらない」ということに。

例えば、「すばらしいね」を「さすがだね」とか「すごいね」に変えたところで、子どもの成長に何ら変化は見られなかったのです。

重要なのは、「語彙を増やすこと」ではなかったのです。

「スキル」が重要だと感じました。

そこで、心理学の本を読みあさり、セミナーに出席し、知識を得るようにしました。

それぞれの技法には、確かな効果がありました。ただ、それぞれで得られたスキルは、特定の場面でしか役に立たないこともわかってきました。

例えば、カウンセリングの手法は、子どもの心に寄り添う場面では効果がありますが、我が儘を言う場合にはむしろよくありません。

コーチングスキルは、子どものふりかえりには効果を発揮しますが、厳しく指導する場面では有効ではありません。

応用行動分析のスキルは、望ましくない行動の場合には用いられますが、自主的な心を育てたいときにはむしろ逆効果です。

教師は、様々に溢れている言葉のスキルを、複合的に交えて使えるようにならないといけないとわかってきました。これらを、１つの書物としてまとめる必要があると感じました。できるだけ多くの先生たちに理解してもらえるように、具体例を多く取り入れたいと考えました。

昨今、教師の体罰問題、行き過ぎた指導などが、多く報道で見受けられるようになりました。教師の指導を受けた後に、自死を選んでしまうような事件も発生しています。これらの問題というのは、教師が指導の言葉かけとして限られた方法しかもち合わせていないのが一因ではないかと捉えています。

子どもを伸ばすための言葉かけは、もっと多数存在しているのです。教師が言葉かけのスキルを磨けたならば、教師と子どもの関係はよりよいものとなり、子どもを幸せな道へと導いていくことができるのではないでしょうか。

本書に掲載する教師の言葉かけが、子どもの人生にとってプラスになることを心より願っています。

参考文献一覧

鈴木義幸（2009）『この1冊ですべてわかる　コーチングの基本』日本実業出版社
伊藤守（2002）『コーチングマネジメント』ディスカヴァー・トゥエンティワン
齋藤直美（2010）『叱り方ハンドブック』中経出版
深澤久（2009）『鍛え・育てる　教師よ！「哲学」を持て』日本標準
浦上大輔（2017）『たった1分で相手をやる気にさせる話術 PEP TALK』フォレスト出版
イアン・スチュアート（1991）『TA TODAY』実務教育出版
P・A・アルバート（2004）『はじめての応用行動分析』二瓶社
島宗理（2019）『応用行動分析学』新曜社
山口薫（2010）『発達の気がかりな子どもの上手なほめ方しかり方』学研プラス
ヘンリー・キムジーハウス（2012）『コーチング・バイブル ―本質的な変化を呼び起こすコミュニケーション』
菅原裕子（2006）『「やる気」のコーチング　―部下との距離を縮める〝場づくり〟のすすめ』
岩﨑由純（2018）『子どもがやる気になる短い言葉がけ スクール・ペップトーク』

三好真史

大阪教育大学教育学部卒
堺市立小学校教諭
メンタル心理カウンセラー
教育サークル大阪ふくえくぼ代表

スポーツ心理学を学び、
全日本インカレ跳馬で準優勝。
大学の卒業論文は、
「言葉かけの多様性と効果」。
小学校教師になり、
言葉のもつ力についての研究をすすめる。

著書に
「子どもが変わる3分間ストーリー」
「学級あそび101」「道徳あそび101」など、他多数。

教師の言葉かけ大全

2020（令和2）年3月1日　初版第1刷発行
2022（令和4）年1月31日　初版第8刷発行

著　者　三好真史
発行者　錦織圭之介
発行所　株式会社　東洋館出版社
〒113-0021　東京都文京区本駒込5-16-7
営業部　TEL：03-3823-9206
FAX：03-3823-9208
編集部　TEL：03-3823-9207
FAX：03-3823-9209
振　替　00180-7-96823
URL　http://www.toyokan.co.jp

［装　丁］中濱健治
［本文デザイン］竹内宏和（藤原印刷株式会社）
［イラスト］丸口洋平
［印刷・製本］藤原印刷株式会社

ISBN978-4-491-04049-3　Printed in Japan